AF390383

RUFUS PORTER

116 ASTUCES D'ARTS CURIEUX ET PRECIEUX POUR SORTIR DU LOT,

Traduit par PATRICK KUNYIMA

CONTENUS

PREFACE.

Ce n'est pas tant le but de l'auteur, en ce qui concerne les différents arts traités dans les pages suivantes, de transmettre aux artistes professés une connaissance plus précise et approfondie de ces arts, que d'expliquer quelques-unes des premières lignes et principes d'entre eux, au profit de ceux qui peuvent être amenés à les pratiquer occasionnellement, soit pour le profit, soit pour l'amusement. Les expériences chimiques sont de nature à combiner la récréation, avec l'amélioration des connaissances utiles - une connaissance de certains des principes directeurs de la chimie. - Les vrais termes chimiques, selon la nouvelle nomenclature (qui, peut-être, peut ne pas être si facilement compris, par certains, comme les noms les plus courants et familiers, mais qu'on trouvera suffisamment expliqués en annexe) ont, dans cet ouvrage, été appliqués aux différents articles occasionnellement mentionnés. Très peu de substances ont été mentionnées, qui sont généralement considérées comme toxiques ou autrement dangereuses; mais il peut être convenable, cependant, pour ceux qui peuvent tenter l'une quelconque des expériences chimiques, de procéder avec prudence et d'éviter soigneusement les fumées produites par l'action chimique, spécialement dans les solutions métalliques dans l'acide nitrique, et la sublimation du mercure. Plusieurs articles de ce petit recueil se révéleront probablement contenir des améliorations, et s'il s'avère aussi intéressant pour d'autres, comme un ouvrage similaire l'aurait été autrefois pour l'auteur, son but aura été atteint. En particulier dans les solutions métalliques dans l'acide nitrique et la sublimation du mercure. Plusieurs articles de ce petit recueil se révéleront probablement contenir des améliorations, et s'il s'avère aussi intéressant pour d'autres, comme un ouvrage similaire l'aurait été autrefois pour l'auteur, son but aura été atteint. En particulier dans les solutions métalliques dans l'acide nitrique et la sublimation du mercure. Plusieurs articles de ce petit recueil se révéleront probablement contenir des améliorations, et s'il s'avère aussi intéressant pour d'autres, comme un ouvrage similaire l'aurait été autrefois pour l'auteur, son but aura été atteint.

LES ARTS CURIEUX ET PRECIEUX

1. DORURE ET ARGENTURE IMPERMEABLES.- Cette sorte de dorure, généralement appelée dorure à l'huile, étant la moins chère et la plus durable, est généralement utilisée pour la dorure ou l'argenture des lettres sur les enseignes, les étiquettes, etc. et peut être effectuée comme suit: - broyer une once de plomb blanc et deux onces de litharge, très fine, dans une branchie de vieille huile de lin, et si cela vous convient, ajouter près d'un quart d'une branchie de vieux vernis copal, et la moitié une once de pierre jaune; mais ni l'un ni l'autre de ces derniers ne sont des ingrédients très essentiels. Exposez cette composition aux rayons du soleil pendant une semaine ou plus dans un grand récipient ouvert, en observant cependant pour la garder à l'abri de la poussière. Ensuite, versez la partie la plus fine et diluez-la avec autant d'essence de térébenthine qu'elle fonctionnera librement avec une brosse ou un crayon en poil de chameau. (Une huile qui répondra extrêmement bien à cet effet, peuvent parfois être collectées sur le dessus des peintures à l'huile qui existent depuis longtemps et peuvent être utilisées directement, sans être exposées au soleil comme indiqué ci-dessus.) Quelles que soient les lettres ou les chiffres que vous dorez, doivent d'abord être dessinés ou peints avec cette taille , le sol ayant été préalablement peint et verni; et lorsque l'encollage est si sec qu'il est dur, mais reste encore légèrement adhésif ou collant, posez sur des feuilles d'or ou d'argent doucement sur l'ensemble, en les pressant doucement avec une boule de coton doux. La manière la plus pratique d'effectuer cela est de poser les feuilles d'or ou d'argent, d'abord sur un morceau de peau de cerf ou de cuir de gant, et de les couper en morceaux de taille convenable, en dessinant un bord lisse (non pointu). Couteau sur eux. Ensuite, prenez un petit bloc de bois, de forme triangulaire, d'environ un demi-pouce d'épaisseur et de deux pouces de diamètre, et attachez une bande de flanelle fine autour des bords; - respirez dessus, et pressez-le doucement sur un morceau de la feuille, qui par ceci peut être pris du cuir, et porté à n'importe quelle partie de la taille où il convient le mieux , et à laquelle il adhérera facilement: ainsi, l'encollage peut être facilement recouvert de la feuille, dont très peu sera gaspillée. Ensuite, le tout peut être légèrement brossé avec du coton ou une brosse douce, et l'or ou l'argent superflus sera brossé, laissant les lettres ou les chiffres entiers. Lorsque l'œuvre est ainsi restée deux ou trois jours, elle peut être frottée avec un morceau de soie, ce qui augmentera son éclat métallique. et porté à n'importe quelle partie du calibrage où il s'adapte le mieux, et auquel il adhérera facilement: ainsi le calibrage peut être facilement recouvert de la feuille, dont très peu sera gaspillée. Ensuite, le tout peut être légèrement brossé avec du coton ou une brosse douce, et l'or ou l'argent superflus sera brossé, laissant les lettres ou les chiffres entiers. Lorsque l'œuvre est ainsi restée deux ou trois jours, elle peut être frottée avec un morceau de soie, ce qui augmentera son éclat métallique. et porté à n'importe quelle partie du calibrage où il s'adapte le mieux, et auquel il adhérera facilement: ainsi le calibrage peut être facilement recouvert de la feuille, dont très peu sera gaspillée. Ensuite, le tout peut être légèrement brossé avec du coton ou une brosse douce, et l'or ou l'argent superflu sera brossé, laissant les lettres ou les chiffres entiers. Lorsque l'œuvre est ainsi restée deux ou trois jours, elle peut être frottée avec un morceau de soie, ce qui augmentera son éclat métallique. *Remarque.* - Il est très essentiel que le vernis du sol soit parfaitement sec, qu'il ne soit pas adhésif le moins du monde, sinon la feuille collera là où elle ne devrait pas, et endommagera matériellement l'œuvre. Lorsqu'une dorure ordinaire est requise pour les aubes, les boules, etc. les feuilles d'or ou d'argent peuvent être appliquées sur l'œuvre directement à partir du livre, sans les couper ni les diviser.

2. L'ART DE LA DORURE BRUNATRE.- Faire un calibrage en faisant bouillir les peaux de castors et de rats musqués (qui peuvent être facilement achetés dans une manufacture de chapeaux) dans de l'eau, jusqu'à ce qu'elle soit suffisamment résistante pour qu'en refroidissant elle devienne une gelée raide; filtrer la liqueur pendant qu'elle est tiède et appliquer une couche à votre travail avec un pinceau; une fois sec, ajoutez un peu de merlan fin au calibrage et appliquez une couche de celui-ci. Ajoutez ensuite autant de merlan que vous le souhaitez sous le pinceau et déposez-en cinq ou six couches, en laissant à chacune un temps de séchage suffisant. Lisser l'œuvre en la mouillant et en la frottant avec un morceau de pierre ponce, qui doit être préalablement découpé et ajusté à la moulure ou à toute autre œuvre à dorure; ensuite, lorsque le travail est sec, frottez-le avec du papier de verre fin. Ensuite, prenez un peu d'or bruni (composé de pâte à pipe, de plumbago, de suif de bœuf et de savon de Castille, mais peut être facilement procuré prêt à l'emploi,) et diluez-le avec de l'eau jusqu'à ce qu'il soit de la consistance d'un mastic très doux, et ensuite avec le dimensionnement mentionné ci-dessus jusqu'à ce qu'il coule librement d'une brosse, et donnez au travail trois couches successives de ce ; lorsque le dernier est sec, trempez un crayon en poil de chameau dans un mélange de quantités égales de rhum et d'eau, et avec lui mouillez une petite partie de l'ouvrage, et immédiatement, pendant qu'il coule, posez-le sur une feuille d'or en brossant le bas avec une brosse en poil de chameau très douce et plate, avec laquelle aussi, la feuille est généralement transportée du livre au calibrage; procédez ainsi jusqu'à ce que le tout soit doré, et laissez-le sécher. Lorsque le travail est suffisamment sec pour prendre un poli juste par brunissage, (qui ne peut être vérifié qu'en appliquant le brunissoir à différentes parties de l'œuvre de temps en temps pendant le séchage,) frottez soigneusement le tout avec un brunissoir à silex, ou avec la dent d'un loup ou d'un chien, fixé dans une poignée pratique, jusqu'à ce que le tout acquière un poli brillant, à l'exception des parties qui doivent rester dans un état rugueux-doré , qui sont généralement aplaties par une couche de fine encollage. Telles sont les principales règles de l'art de la dorure brunâtre; mais comme cette activité nécessite une certaine variation de gestion, en fonction de l'état du temps et d'autres circonstances, on ne peut s'attendre à ce que quiconque devienne très expert dans l'art, sans l'avantage d'une certaine expérience et pratique. Quelles parties sont généralement aplaties par une couche de fine encollage. Telles sont les principales règles de l'art de la dorure brunâtre; mais comme cette activité nécessite une certaine variation de gestion, en fonction de l'état du temps et d'autres circonstances, on ne peut s'attendre à ce que quiconque devienne très expert dans l'art, sans l'avantage d'une certaine expérience et pratique. Quelles parties sont généralement aplaties par une couche de fine encollage. Telles sont les principales règles de l'art de la dorure brunâtre; mais comme cette activité nécessite une certaine variation de gestion, en fonction de l'état du temps et d'autres circonstances, on ne peut s'attendre à ce que quiconque devienne très expert dans l'art, sans l'avantage d'une certaine expérience et pratique.

3. DORURE ORNEMENTALE EN BRONZE.- Cela se fait au moyen d'or ou d'argent, réduit à une poudre impalpable, appelée bronze. Une méthode de préparation consiste à faire léviger n'importe quelle quantité de feuilles d'or ou d'argent sur une pierre, avec du miel clarifié; diluez le miel avec de l'eau claire pour que le bronze se dépose; vider l'eau et le miel et ajouter de l'eau fraîche au bronze qui, après avoir été ainsi soigneusement lavé, peut être séché sur papier et prêt à l'emploi. Une autre méthode de préparation du bronze d'or consiste à précipiter l'or de sa solution dans l'acide nitro-muriatique (voir 5,) en ajoutant du sulfate de fer à la solution, puis en le lavant, comme indiqué ci-dessus. Mais en général, il sera beaucoup moins cher d'acheter le bronze prêt à l'emploi. Le sol de ce travail doit être verni avec un mélange de vernis copal, avec une quantité égale d'huile de lin ancienne; et quelles que soient les figures à former dans le bronzage, elles doivent être représentées par des trous découpés dans des morceaux de papier. Posez ces motifs sur l'œuvre, lorsque le vernis est si sec qu'il n'est que légèrement adhésif, mais ne les appuyez pas plus que nécessaire pour maintenir le papier à sa place. Ensuite, prenez un morceau de cuir de gant souple, humidifiez-le un peu en respirant dessus, trempez-le dans du bronze sec, et appliquez-le sur les personnages, en commençant par les bords; - tapotez doucement le personnage avec le cuir, et le bronze collera au vernis selon le motif. Ainsi, toute figure peut être produite dans une variété de nuances, en appliquant le bronze plus librement sur certaines parties de l'œuvre que sur d'autres. Si certaines parties internes des figures doivent être plus distinctes que d'autres, elles peuvent être façonnées par leurs motifs particuliers ou peuvent être bordées de peinture de couleur sombre. Dans certains travaux, il peut être bon d'étendre le vernis pas plus loin que les figures prévues, auquel cas, toute partie saillante ou ramifiée des figures peut être dessinée avec un crayon en poil de chameau, et les motifs peuvent dans une certaine mesure être distribués avec. Dans les deux cas, l'œuvre doit ensuite être revêtue d'une ou plusieurs couches de vernis copal ou shellac.

4. POUR EMAILLER LES VERRES AVEC DE L'OR.— Le verre doit d'abord être lavé parfaitement propre et séché; puis mouillez-le en respirant dessus, ou mouillez-le avec la langue, et posez-le aussitôt sur une feuille d'or et brossez-le doucement. Lorsqu'il est sec, dessinez des lettres ou des fleurs sur l'or noirci Brunswick (voir 51) et une fois sec, l'or superflu peut être brossé avec du coton, laissant les chiffres entiers. Ensuite, le tout peut être recouvert de noircissement, ou peint dans n'importe quelle couleur, tandis que les chiffres en or apparaîtront à l'avantage du côté opposé du verre. Cette œuvre peut être élégamment ombrée en grattant l'or avec un petit instrument en acier (au bout duquel se forment de nombreuses pointes acérées) avant de la poser sur le noircissement. Les peintures à l'huile de toute sorte peuvent être remplacées à la place du noircissement, mais ne sèchent pas si vite.

5. POUR LAVER LE FER OU L'ACIER AVEC DE L'OR.- Mélangez dans une fiole, une partie d'acide nitrique, avec deux parties d'acide muriatique, et ajoutez autant d'or fin que l'acide se dissoudra. À cette fin, la feuille d'or est la plus pratique, car elle sera la plus facilement dissoute. (Cette solution s'appelle le nitro-muriate d'or.) Verser sur cette solution, avec précaution, environ la moitié de la quantité d'éther sulfurique; - secouer le mélange, puis laisser reposer. L'éther prendra l'or de l'acide, s'en séparera aussi et formera une couche supérieure dans la fiole. Versez soigneusement cet éther aurifère dans une autre fiole et fermez-la. Lavez n'importe quelle pièce d'acier ou de fer avec cet éther, et plongez-la immédiatement dans l'eau froide, et elle aura acquis une couche d'or pur. Avec cela aussi, toutes les fleurs ou lettres peuvent être dessinées ou écrites, même avec un stylo, et apparaîtront parfaitement dorées.

6. POUR LAVER LE LAITON OU LE CUIVRE AVEC DE L'ARGENT.- A une demi-once d'acide nitrique dans une fiole, ajoutez une once d'eau et un quart d'once de bon argent. Il sera bientôt dissous, et si l'acide et le métal sont tous les deux purs, la solution (appelée nitrate d'argent) sera transparente et incolore. Ajoutez à cela une solution de près de deux drachmes de muriate de soude, dans n'importe quelle quantité d'eau; cela précipitera l'argent dans une masse opaque blanche. Videz l'eau avec l'acide, et ajoutez à l'argent une quantité égale de super-tartrate de potasse, formant ainsi une pâte molle; - trempez un morceau de cuir souple dans sa pâte, et frottez-le sur le métal à argenter; continuez à le frotter jusqu'à ce qu'il soit presque sec; puis lavez-le à l'eau et polissez-le en le frottant avec un morceau de cuir sec. Une autre méthode consiste à ajouter du sous-carbonate de potasse au nitrate d'argent, tant qu'il s'ensuit une ébullition; puis l'acide est évacué, et le précipité (qui est d'abord blanc, mais devient vert lorsqu'il est sec) est mélangé au double de sa quantité de muriate de soude et de super-tartrate de potasse. Avec cette composition, en étant humidifiée, le métal est frotté, etc.

7. POUR DONNER AU BOIS UN ECLAT D'OR, D'ARGENT OU DE CUIVRE. - Broyez environ deux onces de sable blanc de plage dans un branchement d'eau, dans lequel une demi-once de gomme arabique a été dissoute, et frottez le travail avec. Lorsqu'elle est sèche, l'œuvre peut être frottée avec une pièce d'or, d'argent ou de cuivre et prendra dans une certaine mesure leurs couleurs et leurs brillances respectives. Ce travail peut être poli par un brunissoir à silex, mais ne doit pas être verni.

8. IMPRIMER DES LETTRES D'OR SUR LE MAROQUIN. - Mouillez d'abord le maroquin avec les blancs d'œufs; une fois sec, frottez l'ouvrage avec un peu d'huile d'olive et posez sur des feuilles d'or. Ensuite, prenez quelques types d'impression courants, et chauffez-les à la température de l'eau bouillante, et imprimez les lettres sur l'or; - frottez le tout avec un morceau de flanelle, et l'or superflu se détachera, laissant les lettres magnifiquement dorées. Une autre méthode consiste à répandre de la colophane en poudre sur le maroquin avant la pose sur la feuille; la chaleur des types fait fondre la colophane, ce qui fait que l'or adhère aux empreintes, tandis que l'autre peut être brossé.

9. TEINDRE LA SOIE D'UNE COULEUR OR BRILLANT.- Prendre n'importe quelle quantité de nitro-muriate d'or (voir 5) et évaporer en l'exposant à une chaleur douce dans un verre ou une fiole; l'or se formera en cristaux sur le fond et les côtés du récipient; recueillir ces cristaux et les dissoudre dans dix fois leur poids d'eau pure. Ensuite, mettez un branchement d'eau dans une fiole commune et ajoutez une once de zinc granulé et un quart d'once d'acide sulfurique. L'hydrogène gazeux se dégagera et montera à travers le col du ballon, qui ne doit pas être arrêté. Plongez un morceau de soie blanche dans la solution aqueuse d'or mentionnée ci-dessus et exposez-la, lorsqu'elle est mouillée, au courant de gaz qui monte du ballon; l'or sera bientôt ravivé, et la soie deviendra dorée magnifiquement et définitivement. Toutes les lettres ou fleurs peuvent être dessinées sur la soie avec un crayon en poil de chameau trempé dans la solution, *Remarque.* - La soie doit être maintenue humide avec de l'eau jusqu'à ce que l'or soit ravivé. Le zinc peut être préparé dans le but ci-dessus, en le fondant et en l'agitant continuellement avec un bâton ou une tige de fer pendant qu'il refroidit; ou il peut être pulvérisé avec un marteau dès qu'il devient solide.

10. TEINDRE LA SOIE D'UNE COULEUR ARGENT BRILLANTE.- Procéder comme indiqué dans la dernière expérience, n'utiliser que le nitrate d'argent (voir 6) au lieu du nitro-muriate d'or. Le processus de cristallisation, de ré-dissolution, etc. est le même. Mais les cristaux d'argent diffèrent par la couleur, étant blancs, tandis que ceux produits à partir d'or sont jaunes. Si une jarre ou une boîte est remplie d'hydrogène gazeux et que la soie y est suspendue, l'action du gaz, et par conséquent la revivification des métaux, sera plus uniforme. Pour les petites figures, cependant, il peut être aussi bien de fixer un bouchon dans le ballon, ayant un petit orifice à travers lui, que le gaz puisse être projeté avec une certaine force sur la soie, et aura un effet plus certain. Une solution de muriate d'étain peut être gérée de manière similaire, mais aucune de ces solutions ne peut être ainsi relancée sur papier.

11. AUX LUNETTES ARGENTEES.—Poser sur une planche lisse, un morceau de cuir souple en peau de cerf, un peu plus gros que le verre à argenter; et sur le cuir, après avoir saupoudré un peu de merlan fin, étaler un morceau de papier d'aluminium de même grosseur. Versez quelques gouttes de mercure et brossez-le sur l'étain avec un pinceau lisse, jusqu'à ce que chaque partie de l'étain devienne brillante. Ajoutez ensuite autant de mercure qu'il y en aura sur l'étain, et sur celle-ci posa le verre à argenter: sur le verre, il y avait un autre morceau de cuir, de même taille, et sur cette autre planche. - Reprenez les planches avec le verre. , et en pressant les planches ensemble, tournez-les avec le verre, l'autre côté vers le haut; enlever la planche supérieure et passer le verre avec l'étain et le cuir, entre deux rouleaux, semblables à ceux d'une presse à rouler, pour l'impression sur plaque de cuivre; ainsi pour presser le mercure entre l'étain et le verre. Ensuite, placez à nouveau le verre entre les planches comme précédemment, et placez un poids lourd (qui ne peut pas être trop lourd, à moins qu'il ne casse le verre) sur le plateau supérieur, qui doit rester deux ou trois jours. Le verre peut alors être repris. La pratique de certains est de poser du papier fin sur le mercure avant de le poser sur le verre; ce papier, soigneusement étiré, après la pose du verre, sert à éliminer le mercure superflu, afin que l'étain vienne plus près en contact avec le verre. Dans ce cas, aucun rouleau n'est utilisé. Les verres concaves ou autres fantaisies peuvent être argentés, en faisant une impression avec le verre, dans une sorte de mastic, fait de sulfate fin de chaux et d'eau; et placer à nouveau le verre dans l'empreinte avec la feuille d'étain et le mercure, lorsque le plâtre est sec, et le soumettre à une pression de deux ou trois jours dans cette situation. L'expérience de l'argenture du verre peut être effectuée en frottant une goutte de mercure sur un petit morceau de feuille d'étain, et en la pressant sur un morceau de verre avec le doigt, ou un morceau de cuir souple. Dans ce cas, le verre aura acquis la propriété réfléchissante d'un miroir; et si une pression similaire est maintenue pendant quelques heures, l'étain adhérera en permanence.

12. ECRIRE SUR DU PAPIER AVEC DE L'OR OU DE L'ARGENT. Faire un encollage aussi fort qu'il s'écoulera librement de l'enclos, en dissolvant des quantités égales de gomme arabique et de sucre à pain dans l'eau; écrivez avec ceci sur du papier et laissez sécher; puis humidifiez le papier en respirant dessus, ou en le tenant au-dessus de l'eau chaude, et déposez immédiatement des morceaux de feuille d'or ou d'argent sur les lignes de l'écriture, en les pressant doucement avec un crayon à cheveux sec. Sinon, appliquez légèrement le bronze doré ou argenté sur l'écriture; mais cela n'aura pas une apparence aussi brillante. Laisser sécher à nouveau le calibrage, puis brosser l'or ou l'argent redondant avec du coton. Cette écriture (si elle est exécutée avec de l'or ou de l'argent à la feuille) peut être brunie avec un brunissoir à silex ou une cornaline ou une pierre de sang. Les lettres d'or peuvent également être écrites ou dessinées avec un crayon à cheveux au moyen de bronze doré, mélangé avec de l'eau de gomme faible, auquel on peut ajouter un peu de solution de savon, ce qui le rendra plus libre. Mais aucune préparation de solution d'or n'a encore été découverte, qui peut être facilement relancée sur papier.

13. POUR FAIRE UNE BONNE ENCRE NOIRE BRILLANTE. -Prenez deux onces de galles de noix en poudre grossière; une once de bois rond en copeaux minces; une once de sulfate de fer; trois quarts d'once de gomme arabique; un quart d'once de sulfate de cuivre; et un quart d'once de sucre à pain. Faites bouillir les galles et le bois de grume ensemble dans trois litres d'eau, jusqu'à ce que la quantité soit réduite de moitié. Ensuite, la liqueur doit être filtrée à travers une flanelle dans un récipient approprié, et le reste des ingrédients y être ajouté. Le mélange doit ensuite être fréquemment agité jusqu'à ce que le tout soit dissous; après quoi il doit être laissé au repos pendant vingt-quatre heures. L'encre peut ensuite être décantée du sédiment grossier et doit être conservée dans une bouteille en verre bien bouchée.

14. ENCRE BLEUE. —Dissolvez une once de gomme arabique dans une pinte d'eau. Dans une partie de cette gomme-eau, broyer une petite quantité de meilleur bleu de Prusse; vous pouvez ainsi l'amener à n'importe quelle profondeur de couleur que vous choisissez. L'indigo répondra très bien à cet objectif, mais ce n'est pas une couleur si fine et il ne restera pas non plus en suspension de manière uniforme dans l'eau.

15. ENCRE ROUGE. - Dans la gomme-eau mentionnée ci-dessus, broyer très finement trois parties de vermillon avec une de lac ou de carmin. C'est une couleur très parfaite, mais peut nécessiter d'être secouée de temps en temps. Pour faire l'encre rouge commune, telle que celle utilisée par les relieurs de livres pour la décision, etc. infuser une demi-livre de bois du Brésil râpé pendant deux ou trois jours dans une pinte de vinaigre; puis filtrer ou filtrer et ajouter une once de gomme arabique et une once d'alun. Il peut ensuite être dilué occasionnellement avec de l'eau.

16. ENCRE JAUNE. - Faire tremper une once de curcuma, en poudre, dans un demi-branchie d'alcool; laissez reposer vingt-quatre heures, puis ajoutez une quantité égale d'eau; jetez le tout sur un torchon, et exprimez la liqueur colorée qui se mélange à la gomme-eau. Le rhum ou d'autres spiritueux peuvent être substitués à l'alcool. Une solution de gamboge dans l'eau, écrit un jaune complet, mais est bien loin du curcuma en luminosité.

17. ENCRE VERTE. - A la teinture de curcuma, préparée comme ci-dessus, ajoutez un peu de bleu de Prusse. Une variété de teintes peut être formée, en variant les proportions de ces deux ingrédients, et aucune couleur artificielle ne peut l'exceller en beauté.

18. ENCRE VIOLETTE. - A l'encre bleue, décrite en 14, ajoutez du lac finement broyé; ou au lieu de cela, le jus exprimé des betteraves colorées les plus foncées peut être remplacé, mais il est plus susceptible de s'estomper. Avec l'un ou l'autre de ceux-ci, une variété de teintes peut être formée, en variant les proportions.

19. ECRIRE EN DIFFERENTES COULEURS AVEC LE MEME STYLO, ENCRE ET PAPIER.- Prenez une feuille de papier blanc et mouillez-en certaines parties avec une solution de sous-carbonate de potasse, qu'il faut diluer avec de l'eau pour ne pas apparaître sur le papier une fois sec. Mouiller quelques autres parties avec de l'acide chlorhydrique dilué ou avec du jus de citrons. - Certaines autres parties peuvent être mouillées avec une solution diluée d'alun; et d'autres avec une infusion de galles de noix (eau dans laquelle ont été trempées des galles de noix meurtries ou pulvérisées.) Aucune de ces préparations ne doit être assez forte pour colorer le papier. Quand ceux-ci sont secs, prenez du sulfate de fer finement en poudre, et frottez-le légèrement sur certaines parties du papier, qui ont été mouillées avec le sous-carbonate de potasse et infusion de galles. Puis avec le jus de violettes, ou des feuilles de chou rouge, écrivez sur le papier comme d'habitude avec un stylo. L'encre est, en elle-même, d'un violet pâle; où le papier était mouillé d'acide, l'écriture sera rouge vif; sur le sous-carbonate de potasse, il prendra un beau vert; sur l'alun, il sera brun; sur le sous-carbonate de potasse qui a été frotté avec du sulfate de fer en poudre, il sera jaune foncé; et sur l'infusion de galles frottées avec la poudre, il sera noir. - Le jus de violette prendra quelquefois un jaune brillant sur l'alcali s'il est très fort. Le jus de violette ou de chou rouge peut se conserver longtemps grâce à l'ajout de quelques gouttes d'alcool; ou les feuilles peuvent être séchées par le feu et peuvent ainsi être conservées prêtes à l'emploi; et il suffit de les tremper dans de l'eau chaude pour préparer l'encre à tout moment. Sur le sous-carbonate de potasse qui a été frotté avec du sulfate de fer en poudre, il sera jaune foncé; et sur l'infusion de galles frottées avec la poudre, il sera noir. - Le jus de violette prendra quelquefois un jaune brillant sur l'alcali s'il est très fort. Le jus de violette ou de chou rouge peut se conserver longtemps grâce à l'ajout de quelques gouttes d'alcool; ou les feuilles peuvent être séchées par le feu et peuvent ainsi être conservées prêtes à l'emploi; et il suffit de les tremper dans de l'eau chaude pour préparer l'encre à tout moment. sur le sous-carbonate de potasse qui a été frotté avec du sulfate de fer en poudre, il sera jaune foncé; et sur l'infusion de galles frottées avec la poudre, il sera noir. - Le jus de violette prendra quelquefois un jaune brillant sur l'alcali s'il est très fort. Le jus de violette ou de chou rouge peut se conserver longtemps grâce à l'ajout de quelques gouttes d'alcool; ou les feuilles peuvent être séchées par le feu et peuvent ainsi être conservées prêtes à l'emploi; et il suffit de les tremper dans de l'eau chaude pour préparer l'encre à tout moment. Le jus de violette ou de chou rouge peut se conserver longtemps grâce à l'ajout de quelques gouttes d'alcool; ou les feuilles peuvent être séchées par le feu et peuvent ainsi être conservées prêtes à l'emploi; et il suffit de les tremper dans de l'eau chaude pour préparer l'encre à tout moment. Le jus de violette ou de chou rouge peut se conserver longtemps grâce à l'ajout de quelques gouttes d'alcool; ou les feuilles peuvent être séchées par le feu et peuvent ainsi être conservées prêtes à l'emploi; et il suffit de les tremper dans de l'eau chaude pour préparer l'encre à tout moment. *Remarque.* - L'encre jaune, décrite en 16, écrit un rouge plein là où le papier a été mouillé avec la solution de sous-carbonate de potasse; tandis que la solution de sulfate de fer, qui n'a pas de couleur d'elle-même, écrit un jaune profond sur l'alcali et du noir sur l'infusion de galles.

20. ENCRES SYMPATHIQUES POUR CORRESPONDANCE SECRETE. - *Procédé 1.* - Dissoudre le muriate d'ammoniaque dans l'eau et écrire: - l'écriture sera invisible. Lorsque vous voulez faire apparaître l'écriture, chauffez le papier par le feu, et l'écriture deviendra noire.

21. *Procédé 2.* - Ecrire avec une solution de sulfate de fer - l'écriture sera invisible. Trempez une plume dans

une infusion de galles de noix, et avec elle mouillez le papier, et l'écriture deviendra noire.

22. *Processus 3.* - Écrivez avec une infusion diluée de galles, - ce sera invisible. Trempez une plume dans une solution de sulfate de fer et humidifiez le papier avec elle et l'écriture deviendra noire.

23. *Procédé 4.* - Ecrire avec une solution de sous-carbonate de potasse; mouillez cette écriture avec une solution de sulfate de fer, elle prendra une couleur jaune foncé.

24. *Procédé 5.* - Ecrire avec une solution de sulfate de cuivre, - aucune écriture ne sera visible. Lavez le papier avec une solution de prussiate de potasse, - l'écriture prendra alors une couleur brun rougeâtre.

25. *Procédé 6.* - Ecrire avec une solution de super-carbonate de soude, - humidifier le papier avec une solution de sulfate de cuivre, et l'écriture deviendra verte.

26. *Procédé 7.* - Écrivez avec du nitrate d'argent dilué, et laissez l'écriture sécher dans l'obscurité - elle sera invisible; mais exposez le papier aux rayons du soleil, et l'écriture deviendra noire.

27. ENCRE LUMINEUSE QUI BRILLERA DANS LE NOIR.- A une demi-once d'huile essentielle de cannelle, dans une fiole, ajoutez un demi-drachme de phosphore. Bouchez légèrement la fiole et placez-la ou suspendez-la près d'un feu, où la chaleur peut être presque égale à l'ébullition; continuez la chaleur pendant quatre ou cinq heures, en secouant fréquemment la fiole, mais avec précaution de peur que l'huile ne s'échappe ou n'entre en contact avec l'air atmosphérique, auquel cas elle prendrait feu. Le bouchon doit être suffisamment serré pour exclure l'air atmosphérique, mais pas pour empêcher la fuite de toute vapeur qui pourrait être produite par un excès de chaleur. La fiole peut ensuite être retirée du feu et refroidie. Avec cette huile phosphorée, toutes les lettres peuvent être écrites sur du papier, et si elles sont transportées dans une pièce sombre, elles apparaîtront très brillantes, ressemblant à du feu. La fiole doit être maintenue fermée, sauf lorsqu'elle est utilisée.

28. FAIRE APPARAITRE ET DISPARAITRE UNE ECRITURE A VOLONTE. - Dissoudre des parties égales de sulfate de cuivre et de muriate d'ammoniaque dans l'eau, et écrire. Lorsque vous voulez faire apparaître l'écriture, réchauffez doucement le papier au coin du feu; l'écriture apparaîtra dans une couleur jaune; mais dès que vous emportez le papier dans l'air froid, l'écriture disparaîtra. Cela peut être souvent répété.

29. FAIRE DISPARAITRE UNE ECRITURE ET FAIRE APPARAITRE UNE AUTRE A SA PLACE. - Ecrire sur papier avec une solution de sous-carbonate de potasse, - l'écriture sera invisible. Mélanger à parts égales une solution de sulfate de fer et une infusion de galles; écrivez avec ce mélange (qui est noir) sur le même papier. Ajoutez ensuite à la liqueur noire un peu d'acide sulfurique, suffisant pour la priver de couleur. Mouiller le papier avec ce composé; l'acide déchargera la couleur de la dernière écriture, tandis que l'alcali de la première précipitera le gallate de fer, et l'écriture deviendra noire.

30. POUR RESTAURER UNE VIEILLE ECRITURE PRESQUE ALTEREE. - Faire bouillir une once de poudre de galles de noix, pendant une heure ou plus dans une pinte de vin blanc; filtrez la liqueur, et quand elle est froide, mouillez le papier avec, ou passez-le sur les lignes avec un crayon de poil de chameau, et l'écriture sera beaucoup relancée.

31. POUR PEINDRE UNE IMAGE QUI APPARAITRA ET DISPARAITRA OCCASIONNELLEMENT. - A une demi-once d'acide nitrique, ajoutez un drachme de cobalt, un drachme de muriate de soude et deux onces d'eau; placez-le dans un bain de sable ou sur des cendres chaudes, où il doit rester cinq ou six heures. Ensuite, filtrez la solution (qui est nitro-muriate de cobalt) et dessinez avec elle les arbres et les arbustes d'une image conçue. Ensuite, avec une solution d'oxyde de cobalt dans l'acide acétique, dessinez quelques montagnes éloignées, des clôtures, etc. et avec du muriate de cuivre (la solution composée décrite en 28), dessinez des fleurs, des bâtiments, etc. Ceux-ci seront tous invisibles une fois secs; mais réchauffez le papier et l'image apparaîtra en vert, bleu et jaune. Il disparaîtra à nouveau lorsque le papier deviendra froid.

32. PEINTURE DE PAYSAGE SUR LES MURS DES CHAMBRES.—Dissolvez une demi-livre de colle dans un gallon d'eau, et avec ce dimensionnement, mélangez toutes les couleurs nécessaires pour le travail. Frappez une ligne autour de la salle, presque à hauteur de la poitrine; c'est ce qu'on appelle la ligne d'horizon: peignez les murs du haut jusqu'à moins de six pouces de la ligne d'horizon, avec du bleu ciel, (composé de merlan raffiné et d'indigo, ou bleu glissant,) et en même temps, peignez l'espace du ligne d'horizon au bleu, avec horizon rouge, (merlan, légèrement coloré avec du plomb orange et ocre jaune,) et pendant que les deux couleurs sont humides, les incorporer partiellement, avec un pinceau. Les nuages ascendants peuvent être représentés en frappant la couleur rouge de l'horizon sur le bleu, avant qu'il ne soit sec, avec un gros pinceau. Changez un peu de bleu ciel sur deux nuances avec du bleu glissant et peignez votre design pour les rivières, les lacs ou l'océan. Changez une nuance de bleu ciel avec du vert forêt, (glissez bleu et jaune chrome,) et peignez les montagnes et les hauts plateaux les plus éloignés; ombrage-les lorsqu'ils sont mouillés, de bleu, et rehausse-les de blanc, en observant toujours pour rehausser le côté qui est vers la lumière principale de la pièce. La surface supérieure de l'océan doit être peinte aussi haut que la ligne d'horizon, et les hautes terres éloignées doivent s'élever de dix à vingt pouces au-dessus d'elle. - Peindre les hautes terres, les îles, etc. de la deuxième distance, qui devrait apparaître de quatre à six milles de distance, avec le vert de la montagne, (deux parties bleu ciel avec une de vert forêt,) les rehausser, alors qu'elles sont humides, avec du jaune soufre, (trois parties de merlan avec une de jaune chrome ,) et abattre avec du bleu-noir, (bleu glissement et noir de la lampe égaux.) Peignez les terres de la première distance, telles qu'elles devraient apparaître à moins d'un mille ou deux, avec du vert forêt; rehausser de jaune chrome et abat-jour de noir; incorporant occasionnellement de l'ocre rouge, du vert français ou du merlan. La partie la plus proche, ou avant-plan, cependant, doit être peinte très en gras avec de l'ocre jaune, du brun pierre (ocres rouges et jaunes et noir de la lampe égaux) et du noir. Peignez les rives et les rochers de la première distance avec une pierre brune; rehaussée de rouge horizon, nuance de noir. Pour ceux de la seconde distance, chaque couleur doit être mélangée avec du bleu ciel. - Les terrains boisés, les haies et les arbres de la seconde distance sont formés en frappant une petite brosse plate et raide en bout, (opération appelée bushing, et est appliqué à l'élévation et à l'ombrage de tous les arbres et arbustes de toute distance,) avec du vert de montagne, approfondi un peu avec du bleu glissant; avec lequel aussi le travail de fond pour les arbres de la première distance est peint; et avec cette couleur l'eau peut être un peu ombragée sous les caps et les îles, représentant ainsi le reflet de la terre dans l'eau. Les arbres de la première distance sont rehaussés de jaune soufre ou de vert français; et ombré de bleu-noir. Chaque objet doit être peint plus ou moins grand, selon la distance à laquelle il est représenté; ainsi la hauteur appropriée des arbres dans la seconde distance est de un à deux pouces, et d'autres objets en proportion. Ceux dans la première distance de six à dix pouces en général; mais ceux du premier plan, qui sont les plus proches, sont souvent peints aussi grands que les murs l'admettent. Les couleurs également pour les objets éloignés, les maisons, les navires, etc., doivent être variées, se mélangeant avec plus ou moins de bleu ciel, selon la distance de l'objet. Par ces moyens, la vue s'éloignera apparemment de l'œil,

33. PEINDRE EN CHIFFRES POUR DES TAPIS OU DES BORDURES. - Prenez une feuille de carton ou de papier épais, et peignez dessus avec un crayon, toute fleur ou figure qui serait élégante pour une figure de bordure ou de tapis; puis avec de petites gouges et des ciseaux, ou un couteau à stylo tranchant, découpez complètement la figure, qu'elle soit représentée par des ouvertures coupées à travers le papier. Posez ce motif sur le sol destiné à recevoir la figure, que ce soit un sol ou un tissu peint, et avec un pinceau lisse et raide, peignez avec un mouvement vibrant rapide sur toute la figure. - Ensuite, prenez le papier et vous aurez une figure entière par terre. *Remarque.*- Si un plancher doit être ainsi peint, à l'imitation d'un tapis, le motif doit être parfaitement carré, et la figure conçue de telle sorte que, lorsque plusieurs d'entre eux se rejoignent, ils peuvent parfaitement s'accorder; et lorsque différentes couleurs sont utilisées dans la même figure, elles doivent être un peu séparées les unes des autres et travaillées avec des pinceaux différents.

34. A PEINDRE A L'IMITATION DE L'ACAJOU ET DE L'ERABLE.- Donner d'abord à l'ouvrage une ou deux couches de peinture de couleur paille, composée de plomb blanc et d'ocre jaune, broyées dans de l'huile de lin, auxquelles on peut ajouter un peu de fine litharge, afin que la peinture sèche le plus tôt; lorsqu'elle est sèche, frottez-la avec du papier de verre. Ensuite, si l'acajou doit être imité, colorer l'œuvre avec de l'huile de lin bouillie, un peu colorée au rouge vénitien et de la terra-de-sienne brûlée, en quantités égales. Cela doit être appliqué avec une brosse courte et dure et étalé très finement pour ne pas couler ou s'égoutter. Puis avec de la terre de sienne, moulue très épaisse dans l'huile, formez les nuances sombres du grainage selon votre dessin, avec un petit pinceau plat. A cet effet, une brosse à ceinture commune peut être rendue plate, en ayant un petit morceau de fil, ou de bois, attaché de chaque côté près de la poignée. Certaines des nuances les plus foncées peuvent être dessinées avec de l'ombre brûlée et du noir, moulues ensemble, qui peuvent être appliquées avec un crayon en poil de chameau. Si une pièce doit être très légère, la tache peut être essuyée avec précaution avec une boule de coton. Des rayures claires, ou des lignes peuvent être produites en dessinant un morceau de liège ou de bois tendre sur l'œuvre, enlevant ou supprimant ainsi les couleurs sombres, afin que le fond d'origine puisse apparaître. - Pour imiter l'érable, l'œuvre doit être teintée d'ocre jaune et terre d'ombre brûlée, broyée ensemble dans de l'huile bouillie. Au lieu de la terre d'ombre brûlée, la terre de sienne (non brûlée) est parfois utilisée, mais comme différents types, ou parcelles de celle-ci, varient en couleur, du jaune au brun, elle peut ne pas être dépendante uniformément. Les yeux et les boucles des oiseaux sont formés en enlevant la tâche du sol avec un morceau de cuir rigide,

35. L'ART DE LA PEINTURE SUR VERRE.- Si les gâteaux communs d'aquarelles doivent être utilisés dans ce travail, ils doivent être mélangés avec de l'eau dans laquelle un peu de muriate de soude a été dissous. D'autres peintures peuvent être moulues dans du vernis shellac; ou dans l'huile de lin, mais cela ne sèche pas si vite. Les couleurs les plus appropriées pour ce travail, en raison de leur transparence, sont l'encre de Chine, ou noir de lampe, terre d'ombre brûlée, terre de terre brûlée, lac et gamboge ou jaune de chrome. Ceux-ci doivent être posés très finement, afin qu'ils soient les plus transparents. Installez le verre sur son bord, contre une fenêtre, ou placez une lampe sur le côté opposé par lequel la lumière peut briller, et avec un crayon à cheveux fins, tracez les lignes extérieures de votre dessin sur le verre avec du noir; ensuite ombrer et peindre avec les couleurs mentionnées ci-dessus, en observant de peindre d'abord cette partie de l'œuvre, qui dans une autre peinture serait faite en dernier. L'ombrage peut être effectué en appliquant deux ou plusieurs couches de la couleur, là où vous voulez qu'elle soit plus foncée. Si la transparence n'est pas requise, une plus grande variété de couleurs peut être utilisée et appliquée en couches épaisses complètes. Tout écrit ou lettrage dans cette œuvre, doit être écrit de droite à gauche, contrairement à l'ordre habituel. Dans certaines pièces, le corps de certains des objets principaux peut être laissé vide, de sorte qu'en plaçant des morceaux de soie ou de papier de différentes couleurs, sur le côté opposé du verre, l'image apparaîtra également dans différentes couleurs, et peut être changé d'une couleur à une autre à volonté. Doit être écrit de droite à gauche, contrairement à l'ordre habituel. Dans certaines pièces, le corps de certains des objets principaux peut être laissé vide, de sorte qu'en plaçant des morceaux de soie ou de papier de différentes couleurs, sur le côté opposé du verre, l'image apparaîtra également dans différentes couleurs, et peut être changé d'une couleur à une autre à volonté. doit être écrit de droite à gauche, contrairement à l'ordre habituel. Dans certaines pièces, le corps de certains des objets principaux peut être laissé vide, de sorte qu'en plaçant des morceaux de soie ou de papier de différentes couleurs, sur le côté opposé du verre, l'image apparaîtra également dans différentes couleurs, et peut être changé d'une couleur à une autre à volonté.

36. MEILLEURE METHODE DE POLISSAGE DE L'ACIER.- A cet effet, il faut prévoir une roue parfaitement ronde et sa jante recouverte de peau de cerf ou de cuir chamois. Le diamètre de la roue, à des fins communes, peut être d'environ deux pieds; mais pour polir les rasoirs et quelques autres instruments similaires, la roue ne devrait pas avoir plus de cinq ou six pouces de diamètre et deux pouces d'épaisseur. L'acier doit d'abord être meulé le plus possible sur une pierre commune ou à grain fin; il peut alors être appliqué à la roue de polissage, qui doit être tournée avec une vitesse telle que la surface, ou la jante, puisse se déplacer à une vitesse de quarante à soixante pieds par seconde; et le cuir doit fréquemment avoir une poudre appliquée, appelée crocus de fer, qui est préparé en calcinant du sulfate de fer dans un creuset jusqu'à ce qu'il devienne un oxyde rouge fin ressemblant à de la rouille. Pour le travail ordinaire, le cuir peut être humidifié d'huile d'olive, pour mieux retenir la poudre; mais il donnera un poli plus parfait s'il est conservé au sec. Si des surfaces parfaitement lisses, telles que des miroirs, doivent être polies, elles doivent être appliquées sur les côtés d'une roue, et non sur le bord ou la jante, à la manière d'un autre travail.

37. POUR FAIRE DES LETTRES OU DES FLEURS DE BLEU, SUR DE L'ACIER POLI. - Tenez l'acier sur un feu de charbon de bois jusqu'à ce qu'il devienne bleu; - laissez-le refroidir. Puis avec des parties égales de colophane et de cire d'abeille, fondus ensemble, colorés un peu avec du noir de lampe et dilués avec de l'essence de térébenthine, de manière à travailler librement avec un crayon en poil de chameau, dessinez des lettres ou des chiffres sur l'acier, pendant un peu chaud. Lorsque l'acier est devenu froid, lavez-le avec de l'acide chlorhydrique, dilué avec deux parties d'eau, à un d'acide; retirez ainsi la couleur bleue, puis lavez-la à l'eau claire. Ensuite, le vernis, réchauffé un peu, peut être facilement lavé avec de l'essence de térébenthine, et les lettres ou les fleurs resteront bleues. *Remarque.-*

Si les lettres sont formées d'acier poli avec ce vernis et que le corps du métal en est également recouvert, sauf un petit espace autour des lettres, puis baigné d'acide chlorhydrique, l'espace autour des lettres deviendra un fer terne couleur, tandis que les lettres et le corps de l'acier conserveront leur surface polie et leur brillance.

38. POUR PRESERVER L'ECLAT DE L'ACIER POLI. - Broyer une once de plumbago indigène (tel qu'on l'utilise pour fabriquer des crayons de plomb) très fin dans une branchie d'essence de térébenthine; puis ajoutez une once de cire d'abeille propre; appliquez une chaleur douce jusqu'à ce que la cire soit fondue et continuez de la remuer jusqu'à ce qu'elle soit presque froide. Brossez sur l'acier avec cette composition, et lorsque les esprits se sont évaporés, frottez le travail avec un morceau de cuir de gant, et essuyez presque toute la cire, afin que le métal puisse conserver son éclat. Cela peut être appliqué au fer ou à l'acier dans les machines, ou à d'autres travaux, et se révélera répondre à un bien meilleur objectif que le pétrole, car il est moins susceptible de collecter la poussière de l'atmosphère et est, en général, beaucoup plus durable.

39. POUR DONNER A L'ACIER UN TEMPERAMENT POUR COUPER LE MARBRE.- Aucun revenu ne peut être donné à l'acier, dans lequel la dureté est combinée à la ténacité, plus que dans celui donné aux limes, dans les fabriques de limes, ce qui est accompli par le procédé suivant. le muriate de soude, car l'eau se dissoudra, et autant de farine de seigle que l'on fera avec l'autre une pâte épaisse; déposer une couche de cette pâte sur l'acier, (qui doit être broyé, ou déposé avant le revenu,) et le soumettre à une chaleur rouge complète, dans un feu de charbon de bois, mélangé avec environ un tiers de charbon animal, (charbon d'os, de cornes, de cuir, etc.) puis plongez-le tout à coup à trois ou quatre pieds de profondeur, dans une eau extrêmement froide. En plongeant ainsi l'acier assez profondément dans l'eau, il y a un double avantage; pour l'eau qui s'échauffe, au contact de l'acier, se lèvera et sa place sera continuellement alimentée par de l'eau fraîche et froide; et en même temps, la pression de l'eau sur le revêtement de pâte le fera adhérer plus étroitement à l'acier pendant qu'il refroidit. La pâte peut alors être décortiquée, et l'acier se trouvera aussi brillant qu'auparavant, ou du moins n'aura pas été essentiellement oxydé par l'opération.

40. POUR LAVER LE FER OU L'ACIER AVEC DU CUIVRE.- Dissoudre le sulfate de cuivre dans l'eau, à raison de un à trois; laver le fer ou l'acier avec, et il sera instantanément recouvert de cuivre réduit. Ceci est mieux réalisé en appliquant la solution avec un pinceau, qui doit être suivi directement avec une éponge d'eau claire. De cette manière, toutes les lettres ou chiffres peuvent être dessinés avec un crayon en poil de chameau, ou un stylo, et si c'est sur de l'acier poli, les lettres ou les fleurs prendront la brillance de l'acier et ressembleront à du cuivre hautement poli. Il peut parfois être nécessaire de nettoyer le métal en le lavant avec de l'acide chlorhydrique dilué, pour que le cuivre adhère plus facilement. Si l'acier ainsi orné est tenu au-dessus d'un feu de charbon de bois, les figures de cuivre deviennent d'abord bleues; et quand l'acier devient bleu, le cuivre prend une couleur or; mais est restauré à sa couleur d'origine,

41. DONNER AU FER LA BLANCHEUR DE L'ARGENT. - A l'acide nitrique dilué avec une quantité égale d'eau, ajoutez autant de mercure que l'acide se dissoudra; puis ajoutez à la solution trois ou quatre fois plus d'eau, et après avoir donné au fer une couche de cuivre, comme indiqué dans la dernière expérience, badigeonnez-la de la même manière avec le nitrate dilué de mercure; son apparence sera égale, sinon supérieure à celle de l'argent véritable. De cette manière, tout travail de fer ordinaire ou grossier peut être apparemment argenté à un coût très insignifiant.

42. POUR LAVER LE FER AVEC DE L'ETAIN.- Les petits morceaux de fer peuvent être étamés, après avoir été limés brillants, en les lavant avec une solution saturée de muriate d'ammoniaque dans l'eau et en les plongeant, à l'état humide, dans un récipient en étain fondu. Si le fer est d'une forme qui ne peut être convenablement déposée, il peut être immergé dans de l'acide nitrique, dilué avec autant d'eau que d'acide; quand l'acide commence à agir sensiblement sur chaque partie, il peut être lavé avec de l'eau, puis avec le muriate d'ammoniaque, et si un peu de colophane fine y est saupoudrée avant de le tremper dans l'étain, cela peut être un avantage. Le fer doit rester dans l'étain jusqu'à ce qu'il devienne presque aussi chaud que l'étain, sinon il sera enduit trop épais. L'acide muriatique peut parfois être utilisé, à la place du muriate d'ammoniaque, et si le fer n'est pas limé, il répondra à un meilleur objectif. L'intérieur des récipients en fonte peut être étamé comme suit: Nettoyez le fer en le récurant ou en le frottant avec une pierre à grain tranchant, en gardant le fer humide avec de l'acide nitrique dilué. Comme les parties les plus saillantes du fer seront d'abord éclaircies par la pierre, l'acide commencera également son action sur les mêmes parties, ce qui facilitera beaucoup le travail, tandis que les creux et les parties plus profondes de la surface resteront intacts. jusqu'à ce que le fer soit presque lisse. Lorsque cela est accompli, lavez le fer avec de l'eau, puis avec de l'acide chlorhydrique clair; retournez le récipient pour évacuer l'acide superflu; puis remettez-le debout et remplissez-le d'étain fondu, qui doit être versé avec précaution, directement sur le fond du récipient d'abord, et le flux d'étain a augmenté jusqu'à ce que le récipient soit plein; puis versez soudainement l'étain et retournez le récipient jusqu'à ce qu'il soit froid. Les feuilles de fer sont étamées, dans les manufactures de fer-blanc, en plongeant les feuilles, bout à bout, dans un pot d'étain fondu, dont le dessus est recouvert d'environ deux pouces d'épaisseur de suif. Ce suif répond à un meilleur but, une fois qu'il est devenu brun à l'usage, qu'il ne le fait au début. La seule préparation des feuilles de fer est de les récurer parfaitement propres et brillantes.

43. DONNER A L'ETAIN LA BLANCHEUR ET L'ECLAT DE L'ARGENT. - A une once d'acide nitrique, diluée avec une quantité égale d'eau, ajoutez près d'une once de mercure, ou autant que l'acide se dissoudra. Lorsque celui-ci est dissous, ajoutez à la solution, progressivement, une demi-once d'acide sulfurique; cela précipitera le mercure sous forme de poudre blanche; lorsque celui-ci s'est calmé, vider l'acide et ajouter de l'eau claire; laver ainsi la poudre de l'acide, puis vider l'eau, et pendant que le précipité est humide, (ou s'il est laissé sécher, il peut être à nouveau humidifié avec de l'eau,) frottez-le sur l'étain avec un morceau de cuir de gant - Lavez ensuite l'étain avec de l'eau, et quand il est sec, frottez-le assez fort avec un morceau de tissu de laine fine; il ressemblera à de l'argent poli.

44. POUR DONNER A L'ETAIN UN ASPECT CRISTALLIN VARIABLE.—Nettoyez l'étain en le lavant avec du savon tiède et de l'eau et rincez-le à l'eau claire. Chauffez ensuite l'étain à la température de souffrance nue à la main, et versez dessus, ou appliquez avec un pinceau ou une éponge, un mélange d'une once d'acide muriatique, avec un quart d'once d'acide sulfurique, et deux onces de l'eau; puis laver immédiatement l'étain dans de l'eau claire. Une autre méthode consiste à appliquer de la même manière une solution de deux onces de muriate de soude, dans quatre onces d'eau, avec une once d'acide nitrique. Dans les deux cas, si les chiffres cristallins ne sont pas assez gras, l'opération peut être répétée. Si un chiffre très petit est requis, l'étain peut être chauffé presque à l'écoulement et plongé dans de l'eau froide, légèrement acidulée avec des acides nitrique et muriatique. Si un peu de soudure est étirée sur l'étain avec un fer chaud ou du cuivre,

45. FAIRE UN VERNIS DE COULEUR OR POUR L'ETAIN. - A une demi-pinte d'alcool, dans une fiole, ajoutez une once de gomme-gomme laque et une demi-once de curcuma, tous deux en poudre; placez le ballon dans un endroit chaud, en le secouant fréquemment, pendant douze heures ou plus; puis filtrer ou filtrer la liqueur, qui peut être occasionnellement diluée avec du rhum neuf. - Si une couleur ressemblant à de l'or hollandais est requise, une petite quantité de sang de dragon peut être ajoutée ou substituée à la place du curcuma. - Lorsque ce vernis est utilisé, il doit être appliqué sur l'œuvre librement et de manière fluide, et ne doit pas être brossé ou frotté pendant le séchage. Une ou plusieurs couches de ce vernis (ou laque comme on l'appelle parfois) peuvent être posées sur l'œuvre, car la couleur doit être plus profonde ou plus claire. *Remarque.-* Pour faire un vernis de couleur rose, procédez comme indiqué ci-dessus, ne remplacez qu'un quart d'once du meilleur lac finement moulu à la place du curcuma. Un vernis bleu transparent peut également être réalisé au moyen de bleu de Prusse; et violet ou vert, en ajoutant un peu de bleu à l'or, ou des vernis de couleur rose. Ces laques sont fréquemment utilisées pour laver les ornements en bronze argenté, pour leur donner l'apparence d'or ou de cuivre.

46. FAIRE DU VERNIS SHELLAC POUR LE JAPONISME. - A un quart du meilleur alcool, ajoutez une demi-livre de la gomme-laque la plus fine et la plus transparente; mélangez et secouez-les ensemble et laissez-les reposer dans un endroit chaud pendant deux ou trois jours; puis filtrez le vernis à travers une flanelle fine et mettez-le en bouteille. Le vernis Shellac est utilisé pour les lampes japonaises, les plateaux à thé, etc. N'importe laquelle des couleurs couramment utilisées pour la peinture à l'huile peut être meulée dans ce vernis et doit être appliquée sur l'œuvre avec un pinceau lisse et dans un endroit chaud; et le travail à fabriquer doit être parfaitement sec et chaud. *Remarque.-* La plupart des auteurs sur le sujet du japanage ont recommandé le vernis à la semence; mais c'est un fait, quoique pas aussi généralement connu qu'il devrait l'être, que la gomme laque et la gomme laque sont la même substance; la seule différence est que la gomme laque est dans un état plus clarifié et raffiné que celui qui est appelé seed-lac.

47. POUR FAIRE LE MEILLEUR VERNIS COPAL.- Prenez une livre de gomme-copal et faites fondre dans une fiole sur un feu vif de charbon de bois; en même temps dans une autre fiole, faire bouillir ou porter à ébullition une pinte d'huile de lin; dès que la gomme est fondue, retirez-la du feu et ajoutez l'huile chaude en petites quantités, en la remuant ou en la secouant en même temps jusqu'à ce qu'elles soient bien incorporées. Laisser refroidir le mélange en dessous du point d'ébullition de l'eau, puis ajouter près d'un litre d'alcool de térébenthine; - boucher légèrement le flacon et l'exposer pendant quelques jours aux rayons du soleil, ce qui le rendra plus lisse et brillant. Si une plus grande quantité doit être fabriquée, une chaudière en cuivre, petite au sommet, répondra pour faire fondre la gomme. Pour le travail ordinaire ou grossier, une plus grande proportion d'huile et un peu de colophane peuvent être ajoutées.

48. REALISER UN VERNIS A L'ESPRIT POUR LES TABLEAUX ET LES BOITES FANTAISIE. - A une pinte d'alcool, dans un flacon, ajoutez quatre onces de gomme-mastic et une once de gomme-sandarac, toutes deux en poudre; exposer le mélange à une chaleur douce, suffisante pour produire une légère ébulition pendant quelques minutes, en le secouant fréquemment, et les gencives seront dissoutes; filtrer le vernis à travers une flanelle fine, le mettre en bouteille et le boucher. Certains recommandent l'ajout de térébenthine de Venise, au moyen de laquelle, une petite quantité de gomme-copal, finement en poudre, peut également être dissoute, mais comme la térébenthine de Venise contient une partie de l'essence de térébenthine, elle rend le vernis trop pénétrant à de nombreuses fins. ; et même la gomme-sandarac peut être omise sans aucun inconvénient essentiel. Ce vernis doit être un peu chaud lorsqu'il est utilisé.

49. POUR FAIRE DU VERNIS ELASTIQUE POUR PARAPLUIES OU ETUIS A CHAPEAUX. - A une pinte de spiritueux de térébenthine, dans un flacon, ajoutez une once de gomme élastique, coupée en très petits morceaux; mettre légèrement le bouchon et mettre le ballon dans un endroit chaud, où la chaleur peut ne pas être égale à celle de l'eau bouillante, jusqu'à ce que la gomme élastique soit dissoute, ce qui peut être effectué en quatre ou cinq heures. Ensuite, filtrez la solution à travers un chiffon en lin ou en coton solide et ajoutez une demi-pinte d'huile de lin bouillie. *Remarque.* - Une plus grande proportion de gomme-élastique peut être dissoute, et une quantité moindre d'huile ajoutée, ce qui signifie que le vernis sera plus élastique, mais n'aura pas une brillance aussi lisse et permanente.

50. Vernir des cartes et des images.- Prenez un morceau de lin ou de coton cambric, un peu plus grand que la carte ou le tableau à vernir, et dessinez-le droit sur un cadre de taille convenable, et limitez-le aux bords par de petites punaises ou des clous. Posez une fine couche de pâte fine de farine de seigle dessus et au dos du papier à vernir; posez le papier sur le cambric et pressez-les ensemble jusqu'à ce que le papier adhère fermement dans chaque partie. Lorsque celle-ci est sèche, appliquez deux ou trois couches sur la face de l'impression d'une solution forte de gomme arabique dans l'eau, en laissant à chaque fois suffisamment de temps pour devenir parfaitement sèche. Ce encollage doit être appliqué avec un gros pinceau lisse, et doit être étalé sur l'ouvrage très rapidement, et avec le moins de brossage possible. Ensuite, donnez à l'œuvre une ou plusieurs couches du vernis décrit en 48. *Remarque.*—Les très petites impressions peuvent ne pas nécessiter d'être collées sur du batiste; et si le papier est très épais, le vernis peut être appliqué sans l'encollage précédent. Le verre ising, (qui peut être facilement dissous dans l'eau bouillante) est parfois ajouté à la gomme arabique, et augmente la résistance de l'encollage, mais est un peu moins transparent que la gomme arabique pure. Une méthode plus simple de vernissage des impressions consiste à les dimensionner avec une solution de pain de mie et à terminer avec une solution de colophane dans de l'essence de térébenthine.

51. FAIRE NOIRCIR LE BRUNSWICK POUR LES LU-NETTES. - Prenez une livre de gomme-asphaltum et faites-la fondre à feu lent; puis retirez-le du feu et ajoutez-y des essences de térébenthine en petites quantités, en le remuant vivement jusqu'à ce qu'il ait la consistance d'un vernis. Comme il y a un risque qu'il prenne feu lorsque l'on ajoute de l'essence de térébenthine, il peut être bon de se munir d'un morceau de flanelle humide, à jeter dessus si cela devait arriver. Quand il fait presque froid, passez-le dans une flanelle et mettez-le en bouteille pour utilisation. Ce noircissement est utilisé pour les verres de bord et est probablement le noir le plus parfait de la nature. Il résiste à l'eau et sèche très rapidement.

52. POUR FAIRE APPARAITRE UNE IMPRESSION SUR UN FOND D'OR.- Diluez la térébenthine de Venise avec de l'essence de térébenthine jusqu'à ce qu'elle fonctionne librement avec un crayon en poil de chameau; appliquer une couche de ce vernis sur n'importe quelle partie d'une impression ou d'une image, en veillant à garder le crayon dans les lignes, que le vernis ne peut pas s'étendre au-delà. Ensuite, posez une couche de vernis sur la même partie du dos du papier et posez sur une feuille d'or sur la partie vernie; appuyez très doucement sur l'or avec du coton, et le vernis ayant rendu le papier transparent, la face du tableau apparaîtra comme si ces parties étaient imprimées en or. Par ce vernis (qui est moins susceptible de se répandre dans le papier que l'huile), les images peuvent être préparées de telle sorte que les couleurs de diverses parties d'entre elles, peuvent être variées et changées à volonté, en plaçant des morceaux de soie ou de papier de couleurs différentes sur l'arrière d'entre eux.

53. MEILLEURE METHODE POUR TRACER OU COPIER UNE IMAGE.- La méthode la plus simple pour copier les contours d'une image consiste peut-être à placer l'image contre une fenêtre, avec le papier dessus, sur laquelle la copie doit être dessinée; les lignes principales de l'image seront vues à travers l'autre papier, et peuvent être facilement tracées avec un crayon de plomb. Mais la manière habituelle de copier, dans la peinture de paysage, et qui répondra aux images de toute taille, est de frotter le dos du tableau avec du plumbago ou de l'ocre rouge; puis posez l'image sur le sol qui doit recevoir la copie, et tracez les lignes avec un acier lisse pointu ou un morceau de bois dur. Le sol sera ainsi très précisément et distinctement marqué, par le plumbago ou l'ocre adhérant au sol dans les lignes tracées. Lorsque plusieurs copies doivent être prises à partir du même motif, (ce qui se produit fréquemment dans la peinture ornementale,

54. LA CONSTRUCTION ET L'UTILISATION D'UN CO-PIEUR.- Prenez deux bandes de bois, qui peuvent mesurer environ trois pieds de long, un pouce de large et un quart de pouce d'épaisseur; posez-les sur une table, parallèles les uns aux autres et distants de dix-huit pouces. À travers ceux-ci, posez trois autres bandes, qui doivent mesurer dix-huit pouces de long, afin que chaque extrémité de chaque pièce puisse reposer sur l'une des bandes les plus longues. Deux d'entre eux doivent se trouver à travers les extrémités opposées des pièces plus longues, et l'autre à travers le centre, formant ainsi deux carrés. Enfoncer une goupille à travers les extrémités des pièces courtes, ou les confiner par des rivets aux autres, mais pas de manière à empêcher leur jeu circulaire sur les rivets. Puis enfoncez une goupille ou un pivot à travers le centre de la barre transversale du milieu dans la table ou la planche sur laquelle repose le travail. À une extrémité de l'une des longues bandes (qui peut dépasser un peu de la barre transversale), fixez un crayon à mine, avec la pointe vers le bas, afin qu'il puisse porter légèrement sur la planche; et sous ce crayon, placez le papier qui doit recevoir la copie. Et à l'extrémité opposée de l'autre pièce, fixez une pointe de fer lisse, d'une manière similaire à celle du crayon, et sous ce point placez l'image à copier. Ensuite, avec la pointe de fer, tracez soigneusement les lignes de l'image, et le crayon dans le coin opposé se déplacera dans une direction transversale et dessinera la même image très précisément sur l'autre papier. Si vous fixez le crayon à mi-chemin entre son ancien emplacement et la barre transversale du milieu, et retirez le pivot à un point qui est directement dans une ligne avec le crayon et la pointe de fer, il donnera une copie dans les proportions exactes, mais seulement un quart de la taille de l'image copiée. Ainsi, la copie peut être réduite ou augmentée à n'importe quelle taille, et conserve toujours ses proportions régulières. De cette manière, la peinture sur bois ou sur toile peut être copiée, ce qui ne peut pas être fait facilement d'une autre manière.

55. Pour produire la ressemblance exacte de n'importe quel objet, instantanement sur papier.- Cela peut être facilement effectué en déposant le papier sur une table et en tenant une double lentille convexe (un verre solaire commun) dessus, puis en plaçant un miroir sur la lentille, dans une position oblique de manière à faire face partiellement vers le bas, et en partie vers l'objet à représenter. Les rayons de lumière passant de l'objet au miroir, seront réfléchis vers le bas à travers la lentille, et produiront la ressemblance de l'objet dans toutes les couleurs sur le papier. Cette expérience peut être facilement faite le soir, en réfléchissant ainsi la flamme d'une bougie, qui paraîtra très brillante sur le papier. Mais pour rendre le reflet d'un objet distinctement visible à la lumière du jour, il peut être nécessaire d'exclure presque toute la lumière du papier, sauf ce qui tombe à travers la lentille. Dans tous les cas, l'objectif doit être placé à distance au-dessus du papier, selon son foyer, ou la distance à laquelle il contracterait les rayons du soleil au plus petit point. Une camera obscura très pratique, pour dessiner des paysages, ou même des portraits peut être construite comme suit: Fabriquez une boîte de planches, sous la forme d'un cube régulier, mesurant un pied de longueur, largeur et hauteur; percer un trou d'un pouce de diamètre, passant par le centre du sommet; et sur celle-ci, fixez une double lentille convexe dont le foyer doit atteindre le fond de la boîte. Faites une ouverture d'environ six pouces de longueur et une de largeur, à travers un côté de la boîte en haut, en rasant ou en creusant le bord de telle manière que lorsque vous mettez votre visage à l'ouverture pour regarder dans la boîte , il exclura toute la lumière sauf ce qui tombe à travers la lentille. Faites un trou à chaque extrémité de la boîte, près du fond, assez grand pour être mis entre les mains, avec du papier et un crayon. Sur le dessus de la boîte, sur les côtés droit et gauche de la lentille, fixez deux morceaux de planches, qui peuvent être d'environ quatre pouces de haut, huit pouces de long et trois pouces de distance l'une de l'autre. Entre ces planches, fixez un morceau de miroir, de trois pouces carrés, et face à vous; le bord inférieur du verre, étant près de l'objectif, du côté vers vous; et le bord supérieur s'inclinant vers vous à environ trente degrés d'une perpendiculaire. Directement au-dessus, et à près de quatre pouces au-dessus de l'objectif, placez un autre miroir, dont le centre doit faire face directement vers le bord inférieur du premier. Couvrez la boîte en verre de manière à exclure toute la lumière des verres sauf ce qui tombe dessus horizontalement des objets directement devant vous, et placez une feuille de papier sur le fond de la boîte à l'intérieur. Les rayons de lumière,

56. GRAVURE SUR PLAQUE DE CUIVRE.- A cet effet, prévoir une plaque de cuivre, un peu plus grande que le dessin à graver, et pouvant avoir environ un seizième de pouce d'épaisseur; en le frottant, d'abord, directement dans le sens de la longueur, et ensuite dans le sens de la largeur avec un morceau de pierre ponce, qui peut être trempé de temps en temps dans un mélange d'une partie d'acide nitrique, avec six ou sept parties d'eau. le cuivre avec de l'eau claire et frottez-le avec une pierre à huile qui a une surface plane; puis polissez-le avec un morceau de charbon de bois, qui a été enflammé à la rougeur et trempé dans l'eau froide. Ensuite, polissez le cuivre en le frottant avec de l'acier poli. Poser un morceau de papier transparent sur le dessin à graver et tracer les lignes principales avec un crayon à mine; - puis badigeonner la copie ou le calque avec de l'ocre rouge sèche, et après avoir frotté la plaque de cuivre avec un morceau de cire d'abeille, posez le côté rouge du tracé sur la plaque; puis avec une pointe de fer lisse, tracez à nouveau les mêmes lignes, qu'elles peuvent ainsi être transférées sur la plaque au moyen de l'ocre rouge et de la cire. Prenez le papier et tracez les lignes sur la plaque avec une aiguille, marquant ainsi légèrement les lignes sur le cuivre. Ensuite, réchauffez l'assiette et essuyez la cire, ou lavez-la avec de l'essence de térébenthine et frottez l'assiette avec du merlan fin et sec. Le prochain instrument à utiliser est le plus grave; composé d'une lame d'acier d'environ trois pouces de long, qui est fixée dans une poignée pratique comme un poinçon. La forme du graveur doit être triangulaire, ou entre un triangle et un losange, ayant deux côtés plan et l'autre rond ou gonflé; et devrait s'effiler régulièrement de la poignée à la pointe, ou presque, mais la pointe doit être rectifiée obliquement pour que le bord puisse s'étendre un peu plus loin que l'arrière; et le bord doit monter un peu en arrondi vers la pointe. Il est très important que le bord et la pointe du graveur restent très nets. La manière de tenir le graveur, est de prendre la poignée dans le creux de la main, en la pressant avec trois doigts, d'un côté, et le pouce de l'autre, et d'étendre l'avant-doigt à l'arrière de la lame vers le point . — Le bord du burin doit reposer sur la plaque, et son mouvement lors de la coupe doit être en bout dans tous les cas; bien qu'il puisse évidemment y avoir un plus grave construit, qui pourrait, dans certains cas, être manipulé d'une manière plus semblable à celle d'un stylo ou d'un crayon. Un graveur de forme carrée peut également être nécessaire, pour couper occasionnellement de grandes et larges lignes. En procédant à la gravure de la plaque, commencez par les contours, en observant d'appuyer plus fort ou plus léger sur le graveur, car les lignes doivent être plus grandes ou plus petites, et terminez chaque ligne avec le même mouvement si possible, sans enlever le graveur de la plaque . Après avoir coupé les contours, procédez au remplissage et ombragez le travail de manière discrétionnaire, selon le design. Il peut être nécessaire, après qu'une partie de l'ouvrage est gravée, de la gratter légèrement avec le bord de la burette, pour enlever toute rugosité qui aurait pu se former sur la pièce gravée. Si, après avoir terminé le dessin, une pièce semble avoir été mal exécutée, ces pièces peuvent être effacées par le brunissoir et peuvent être re-gravées avec les modifications requises. et terminer chaque ligne avec le même mouvement si possible, sans enlever le graveur de l'assiette. Après avoir coupé les contours, procédez au remplissage et ombragez le travail de manière discrétionnaire, selon le design. Il peut être nécessaire, après qu'une partie de l'ouvrage est gravée, de la gratter légèrement avec le bord de la burette, pour enlever toute rugosité qui aurait pu se former sur la pièce gravée. Si, après avoir terminé le dessin, une pièce semble avoir été mal exécutée, ces pièces peuvent être effacées par le brunissoir et peuvent être re-gravées avec les modifications requises. et terminer chaque ligne avec le même mouvement si possible, sans enlever le graveur de l'assiette. Après avoir coupé les contours, procédez au remplissage et ombragez le travail de manière discrétionnaire, selon le design. Il peut être nécessaire, après qu'une partie de l'ouvrage est gravée, de la gratter légèrement avec le bord de la burette, pour enlever toute rugosité qui aurait pu se former sur la pièce gravée. Si, après avoir terminé le dessin, une pièce semble avoir été mal exécutée, ces pièces peuvent être effacées par le brunissoir et peuvent être re-gravées avec les modifications requises. pour enlever toute rugosité qui aurait pu se former sur la pièce gravée. Si, après avoir terminé le dessin, une pièce semble avoir été mal exécutée, ces pièces peuvent être effacées par le brunissoir et peuvent être re-gravées avec les modifications requises. pour enlever toute rugosité qui aurait pu se former sur la pièce gravée. Si, après avoir terminé le dessin, une pièce semble avoir été mal exécutée, ces pièces peuvent être effacées par le brunissoir et peuvent être re-gravées avec les modifications requises.

57. GRAVURE SUR PLAQUES DE CUIVRE.- Faire fondre ensemble deux onces de cire d'abeille et une once de térébenthine de Venise, et quand la cire est fondue et bout, ajouter par petites quantités, deux onces de gomme-asphaltum, en remuant vivement le mélange en même temps; et quand le mélange est bien incorporé, retirez-le du feu, laissez-le refroidir un peu, puis versez-le dans de l'eau tiède, et en le travaillant avec les mains, formez-le en boules d'environ un pouce de diamètre, et enveloppez-les chacune d'entre eux dans un morceau de tire ou de soie fine. Ensuite, après avoir préparé et poli une plaque de cuivre, comme indiqué pour la gravure sur plaque de cuivre, réchauffez la plaque suffisamment pour faire fondre les boules de vernis à la cire, et frottez l'une d'elles dessus, jusqu'à ce que chaque partie du côté poli soit recouverte du vernis; puis avec une boule de coton, enveloppée ou ligotée de tire, battre doucement chaque partie de l'assiette vernie, tandis que le vernis coule encore, afin qu'il puisse s'étendre plus uniformément et uniformément. Ensuite, maintenez la plaque en position horizontale, avec le côté verni vers le bas, et maintenez la flamme d'une bougie de cire en dessous, ou d'un petit rouleau de papier qui a été trempé dans de la cire fondue, et ainsi noircissez le vernis alors que la plaque est encore assez chaud pour le garder à l'état fondu. Lorsque le vernis est devenu suffisamment et uniformément noir, laissez refroidir l'assiette et après avoir dessiné le dessin sur du papier transparent, frottez-en la face avec de la craie; puis essuyez la plupart de la craie avec un morceau de flanelle, posez le côté craie sur le vernis et tracez les lignes, un peu minutieusement, avec une aiguille ronde et pointue lisse. Ensuite, prenez le papier et commencez à marquer les lignes dans le vernis. Pour cela, vous devez disposer de plusieurs aiguilles de tailles différentes, et fixé dans des poignées, qui peuvent mesurer environ quatre pouces de long et près d'un demi-pouce de diamètre, et l'aiguille peut dépasser de trois quarts de pouce de la poignée. Certains d'entre eux peuvent être rectifiés un peu à plat sur un côté, et d'autres peuvent être ronds, mais se rétrécissent plus brusquement à la pointe. Ces aiguilles peuvent être tenues et gérées de la même manière qu'un stylo. Commencer à marquer avec les lignes de sortie, en observant de couper complètement à travers le vernis, mais il n'est pas nécessaire de rayer le cuivre, sauf en faisant des lignes très lourdes, quand cela ne peut pas être évité. Après avoir fini de marquer le vernis selon le dessin, fixez une bordure de cire (composée de deux parties de cire d'abeille et une de térébenthine de Venise) autour de l'ouvrage, sur le bord de l'assiette. Cette bordure peut mesurer environ un demi-pouce de haut et doit être fixée à l'assiette lorsqu'elle est chaude. Puis versez autant d'acide nitrique, dilué avec une quantité égale d'eau, comme le contiendra la plaque avec la bordure. Au bout de quinze minutes environ, vider l'acide et examiner s'il a suffisamment corrodé une partie de l'ouvrage; si c'est le cas, déposez un mélange de suif chaud et d'huile de lin sur ces parties avec un crayon à cheveux et versez à nouveau l'acide. Dans une demi-heure plus l'acide peut être versé, et la plaque étant réchauffée, la bordure peut être enlevée, et le vernis peut être essuyé avec un morceau de toile de lin; - la plaque peut alors être lavée avec de l'huile d'olive, et nettoyé comme avant avec du merlan fin sec. et verser à nouveau sur l'acide. Dans une demi-heure plus l'acide peut être versé, et la plaque étant réchauffée, la bordure peut être enlevée, et le vernis peut être essuyé avec un morceau de toile de lin; - la plaque peut alors être lavée avec de l'huile d'olive, et nettoyé comme avant avec du merlan fin sec. et verser à nouveau sur l'acide. Dans une demi-heure plus l'acide peut être versé, et la plaque étant réchauffée, la bordure peut être enlevée, et le vernis peut être essuyé avec un morceau de toile de lin; - la plaque peut alors être lavée avec de l'huile d'olive, et nettoyé comme avant avec du merlan fin sec. *Re-*

marque —Différents artistes utilisent une variété de préparations différentes de vernis à des fins de gravure. Dans certaines vieilles recettes, cire vierge, asphalte calciné, gomme mastic, ambre, colophane, poix grecque, poix bordeaux, poix noire, résine, cire de cordonnier, etc. & c. sont mentionnés. Mais on pense que le vernis décrit ci-dessus, bien qu'il soit beaucoup plus simple, répondra également aux jeunes pratiquants; et on ne s'attend pas à ce que quiconque tentera un très beau travail, sans plus d'informations que ce à quoi ils pourraient s'attendre à partir des croquis de cette petite collection.

58. GRAVURE ET GRATTAGE EN MEZZOTINTO.- Après avoir préparé une plaque de cuivre, commencez à la marquer si pleine de lignes, de lignes transversales et de lignes diagonales, que lorsqu'elles sont remplies d'encre, la plaque peut paraître assez noire. À cette fin, un instrument sera nécessaire qui est façonné comme un ciseau, le côté rond ou en pente étant marqué ou limé près du point, avec des lignes ou des encoches très proches les uns des autres, de manière à former un ensemble de dents uniformes pointues à le bord; cet instrument s'appelle un berceau, et devrait être un peu rond dans les coins. Ce berceau doit être déplacé sur la plaque, à la manière d'un burin, entaillant la plaque uniformément dans diverses directions. Lorsque le marquage est terminé, prenez un grattoir, qui peut être semblable à un couteau, ayant deux bords et incliné de chaque côté vers la pointe; avec cela, grattez la rugosité de la plaque, aux endroits requis pour être les plus légers de l'impression; les parties qui doivent être partiellement ombragées peuvent ne pas être grattées si profondément, tandis que les points qui doivent être les plus brillants peuvent être polis assez lisses avec l'extrémité polie d'une pièce d'acier, de la taille d'un gros clou, et certains des lignes de sortie les plus lourdes peuvent être coupées avec un plus grave. Ainsi, tous les portraits ou autres figures peuvent être formés sur la plaque, avec une proportion appropriée de lumière et d'ombre, et donneront, s'ils sont correctement gérés, une impression sur papier, d'une élégance égale à celle qui pourrait être produite par d'autres moyens. et certaines des lignes les plus lourdes peuvent être coupées avec un graveur. Ainsi, tous les portraits ou autres figures peuvent être formés sur la plaque, avec une proportion appropriée de lumière et d'ombre, et donneront, s'ils sont correctement gérés, une impression sur papier, d'une élégance égale à celle qui pourrait être produite par d'autres moyens. et certaines des lignes les plus lourdes peuvent être coupées avec un graveur. Ainsi, tous les portraits ou autres figures peuvent être formés sur la plaque, avec une proportion appropriée de lumière et d'ombre, et donneront, s'ils sont correctement gérés, une impression sur papier, d'une élégance égale à celle qui pourrait être produite par d'autres moyens.

59. EAU-FORTE EN AQUA-TINTA.- Polir la plaque de cuivre, comme pour la gravure; humidifier la plaque avec de l'eau et tamiser sur de la colophane finement pulvérisée et de la gomme-asphaltum, de manière à couvrir presque la plaque; puis réchauffez la plaque suffisamment pour faire adhérer la poudre, mais pas pour la fondre entièrement. Transférer le dessin sur la plaque et recouvrir les parties destinées à rester blanches avec un vernis composé de cire d'abeille et d'huile de lin, qui peut être très peu colorée avec du noir, et doit être appliquée sur l'œuvre, à chaud, avec un crayon poil de chameau. Ensuite, fixez une bordure de cire autour de la plaque et versez de l'acide nitrique dilué. Au bout d'une minute environ, évacuez l'acide et lavez l'assiette à l'eau claire, mais sans affecter le vernis: - séchez l'assiette et appliquez le vernis sur les parties du dessin qui ne sont censées avoir qu'une faible teinte; puis appliquez l'acide pendant une minute ou deux de plus. Continuez ainsi en mordant et en vous arrêtant alternativement, jusqu'à ce que chaque partie du dessin ait acquis sa teinte appropriée. Mais si une partie nécessite une teinte plus foncée que le sol, la colophane en poudre peut être retirée de ces parties avec un grattoir. Lorsque la plaque est devenue suffisamment corrodée, le vernis peut être lavé avec de l'huile ou de l'essence de térébenthine, et la plaque peut être nettoyée avec du merlan.

60. IMPRESSION SUR PLAQUE DE CUIVRE.- Le papier sur lequel les empreintes d'une plaque de cuivre doivent être prises, doit être humidifié ou mouillé deux ou trois jours avant l'impression; ceci est effectué en trempant les feuilles dans l'eau séparément, puis en les plaçant toutes ensemble sous un poids lourd jusqu'à ce qu'elles soient utilisées. Lorsque le papier est prêt, la plaque de cuivre peut être réchauffée sur un réchaud de charbons, et le côté gravé complètement recouvert et toutes les lignes remplies d'encre d'impression commune, ou d'encre en noir de Francfort, finement moulue dans de la vieille huile de lin. Cela peut être fait au moyen d'une bille d'impression, ou l'encre peut être étalée sur la plaque avec une brosse lisse et dure. La plaque peut alors être essuyée avec un morceau de toile de lin ou de coton, et ensuite avec la main, passant lentement mais à peine sur la plaque pour enlever toute l'encre sauf ce qui reste dans les lignes de la gravure; pour accomplir cela plus efficacement, la main peut être frottée de temps en temps avec du merlan sec. Lorsque la plaque est soigneusement nettoyée de l'encre redondante, elle peut être posée sur la table d'une presse à rouler, et avoir une feuille de papier humidifié posé sur la face de celui-ci, et un morceau de tissu large fin sur le papier, le tout peut être passé sous presse. Ensuite, en prenant le papier, on constatera qu'il a reçu une impression noire de la plaque, selon la gravure ou la gravure, et la plaque peut être à nouveau portée au feu, pour être à nouveau noircie comme auparavant. C'est la manière habituelle d'imprimer; mais quand une presse à rouler n'est pas à portée de main, la plaque et le papier humidifié peuvent, par d'autres moyens, être pressés durement et fermement ensemble, et le papier aura reçu l'impression tout aussi juste. L'une des couleurs, couramment utilisées dans la peinture à l'huile, étant broyé très épais dans l'huile peut remplacer l'encre dans l'impression sur plaque de cuivre. La plaque, après avoir été utilisée, doit être essuyée avec un morceau de flanelle, imbibé d'huile d'olive.

61. GRAVURE DE LETTRES OU DE FLEURS SUR VERRE.- Choisissez un morceau de verre épais et droit et posez une couche de cire d'abeille fondue sur le côté le plus clair; puis avec une aiguille, un couteau-stylo ou tout autre instrument pointu commode, tracez n'importe quel dessin, ou image, qui étant placé sous le verre, peut être vu à travers la cire; ou formez des lettres ou des chiffres sur le verre, en coupant ou marquant soigneusement la cire, et en rendant les lignes grandes ou petites selon les circonstances. Ensuite, chauffez un morceau de cire, de manière à le former en un rouleau d'environ un quart de pouce de diamètre; posez ce rouleau autour de l'œuvre sur le verre, et appuyez dessus pour le faire adhérer au verre, formant ainsi une bordure. Ensuite, prenez du fluate de chaux finement pulvérisé et répandez-le uniformément sur le verre, côté ciré, pour qu'il remplisse toutes les lignes de la cire; puis versez doucement dessus, pour ne pas déplacer la poudre, autant d'acide sulfurique dilué avec trois fois son poids d'eau, qu'il suffit de recouvrir le fluate de chaux en poudre. Que tout reste dans cet état pendant trois heures; puis versez le mélange et nettoyez le verre en le lavant avec de l'essence de térébenthine. Les figures marquées dans la cire se retrouveront gravées sur le verre; tandis que les parties couvertes par la cire ne seront pas corrodées. - Cette plaque de verre peut être chargée d'encre (ou de toute peinture à l'huile épaisse) et des empreintes peuvent être prises sur du papier, de la même manière que sur des plaques de cuivre, seule la prudence est de mise , que le verre ne soit pas brisé par la pression. puis versez le mélange et nettoyez le verre en le lavant avec de l'essence de térébenthine. Les figures marquées dans la cire se retrouveront gravées sur le verre; tandis que les parties couvertes par la cire ne seront pas corrodées. - Cette plaque de verre peut être chargée d'encre (ou de toute peinture à l'huile épaisse) et des empreintes peuvent être prises sur du papier, de la même manière que sur des plaques de cuivre, seule la prudence est de mise , que le verre ne soit pas brisé par la pression. puis versez le mélange et nettoyez le verre en le lavant avec de l'essence de térébenthine. Les figures marquées dans la cire se retrouveront gravées sur le verre; tandis que les parties couvertes par la cire ne seront pas corrodées. , que le verre ne soit pas brisé par la pression. *Remarque.* - L'acide fluorique, qui est partiellement absorbé par l'eau, dans le procédé ci-dessus, étant très corrosif, ne doit pas toucher les mains, ni aucun récipient de valeur.

62. POUR IMPRIMER DES FIGURES AVEC UNE PIERRE LISSE.—Prenez un morceau de marbre ou d'ardoise et formez une surface plane et lisse sur un côté, et sur celle-ci, peignez des lettres ou des chiffres avec de la peinture à l'huile courante de n'importe quelle couleur. Quand celle-ci est sèche, mouillez la pierre avec de l'eau, qui n'adhère pas aux personnages peints, surtout si les peintures ont été mélangées avec de la vieille huile de lin, cela produira un brillant net. Ensuite, appliquez la boule d'encre d'une imprimante sur la surface plane, ce qui signifie que les personnages peints à sec seront recouverts d'encre, tandis que la surface nuc de la pierre, étant humide, ne sera pas noircie ou affectée par elle. Appuyez sur la surface figurée sur du papier humidifié, et cela donnera une bonne impression des personnages peints sur le papier. Le bloc de pierre doit ensuite être trempé dans l'eau, et à nouveau encré comme auparavant. Ainsi, de nombreuses impressions peuvent être prises avec un degré de précision acceptable.

63. COUPER LE VERRE AVEC UN MORCEAU DE FER.- Dessinez avec un crayon sur papier, tout motif auquel vous voudriez que le verre se conforme; placez le motif sous le verre, en tenant les deux ensemble dans la main gauche, (car le verre ne doit reposer sur aucune surface plane;) puis prenez une pointe commune ou un morceau de fer similaire, - chauffez la pointe de celui-ci jusqu'à la rougeur, et appliquez-le sur le bord du verre; tirez lentement le fer vers l'avant et le bord du verre se fissurera immédiatement; continuez à déplacer lentement le fer sur le verre, en traçant le motif, et la fente dans le verre suivra à une distance d'environ un demi-pouce, dans toutes les directions en fonction du mouvement du fer. Cependant, il peut parfois s'avérer nécessaire, en particulier pour former des coins, d'appliquer un doigt humide sur le côté opposé du verre. Les gobelets et autres verres peuvent être coupés ou divisés de manière très fantaisiste par des moyens similaires.

64. MEILLEUR CIMENT POUR ASSEMBLER LE VERRE. - Si le verre n'est pas susceptible d'être exposé à l'humidité, les morceaux peuvent être réunis par une solution à parts égales de gomme arabique et de sucre en pain dans l'eau; ou si ceux-ci ne sont pas à portée de main, le blanc d'un œuf peut répondre presque aussi bien. Mais un ciment résistant à l'eau et également transparent peut être fabriqué en digérant de la gomme-copal en poudre fine, en trois fois son poids d'éther sulfurique jusqu'à ce qu'il soit dissous. Cette solution peut être appliquée sur les bords du verre brisé, avec un crayon en poil de chameau, et les morceaux doivent être assemblés immédiatement et pressés jusqu'à ce qu'ils adhèrent.

65. MEILLEUR CIMENT POUR JOINDRE LA PORCELAINE OU LA VAISSELLE. - Chauffer un morceau de craie à feu rouge vif dans un feu; et pendant que cela chauffe, prenez le blanc d'un œuf, et mélangez et battez avec lui, un quart de son poids de fromage pondéré ou gratté, (comme le plus vide de crème, ou de matière grasse est préférable) ou le caillé qui se forme en ajoutant du vinaigre au lait écrémé; - prenez la craie du feu, et avant qu'elle ne soit froide, réduisez-la en poudre et ajoutez-en au mélange autant que cela formera une pâte épaisse, et battez-les à nouveau ensemble et utilisez la composition immédiatement. Lorsqu'il est sec, il résiste, dans une grande mesure, à la chaleur ou à l'humidité. Un ciment semi-transparent, adapté à la vaisselle en porcelaine, peut être fabriqué en faisant bouillir doucement la farine de riz avec de l'eau.

66. POUR FAIRE UNE COLLE RESISTANTE A L'EAU. — Dissolvez la colle ordinaire dans l'eau de la manière habituelle et trempez-y du papier propre, suffisant pour absorber une once ou plus de colle. Lorsque le papier est presque sec, roulez-le ou coupez-le en lanières et mettez-les dans une fiole ou un flacon à large ouverture, avec environ quatre onces d'alcool; suspendre celui-ci au feu de manière à le faire bouillir doucement pendant une heure, en faisant légèrement enfoncer le bouchon pour éviter qu'il ne prenne feu, mais pas pour empêcher entièrement la vapeur. Sortez ensuite le papier (dont la seule utilisation est de donner à la colle plus de surface pour l'action de l'alcool) et ajoutez une once de gomme-gomme laque en poudre; continuez la chaleur, en secouant souvent le mélange jusqu'à ce que la gomme laque soit dissoute. Puis évaporez-le à la consistance appropriée pour l'utilisation. *Remarque.-* De nombreuses expériences ont été faites, afin de découvrir une certaine taille aqueuse, qui, une fois sec, résisterait à l'humidité: et certains ont recommandé le lait écrémé, et d'autres le vinaigre comme menstruation pour la colle. Mais il ne semble pas, d'après les essais, que l'un ou l'autre de ces produits ne soit guère meilleur à cet effet que l'eau; il n'est pas non plus probable qu'une composition similaire d'encollage résiste beaucoup mieux à l'humidité que la colle ordinaire, surtout si elle est mélangée avec du sulfate de chaux ou une substance similaire comme support.

67. L'ART DE MOULER DES FIGURES EN RELIEF.- Mélanger et tremper avec une solution de gomme arabique dans l'eau, une partie de cendres de bois propres et tamisées et deux parties de sulfate de chaux fin. Pétrissez cette composition sur une planche, jusqu'à ce qu'elle ait la consistance du mastic. Appuyez une boule de ce mastic sur toute médaille, pièce de monnaie ou œuvre sculptée en relief, (qui doit être préalablement huilée) et laissez sécher; puis enlever le moule ainsi formé et huiler la partie qui a reçu l'empreinte de la figure, avec de l'huile d'olive; - faire un petit orifice à travers le moule, à partir du centre ou de la partie la plus profonde de l'empreinte; aussi, coupez le bord du moule, à moins d'un demi-pouce de la figure imprimée. Ensuite, posez un petit morceau de mastic sur la planche et appuyez fort sur le moule, afin qu'il ne remplisse pas seulement le moule, mais que la partie redondante puisse être expulsée au-delà de la bordure du moule: soulevez un peu le moule et soufflez à travers l'orifice pour détacher la nouvelle figurine moulée du moule. Ainsi, n'importe quel nombre de figures peut être facilement produit, convenant à l'ornement de pièces de cheminée ou de moulures, et qui seront très dures une fois sèches, et peuvent être peintes avec toutes les peintures à l'huile colorées, qui les préserveront également de l'humidité.

68. COULER DES IMAGES DANS DU PLATRE.- A cet effet, un modèle de la figurine à couler doit être fourni et suspendu par une tige ou un bâton, d'un pouce de diamètre, et fixé au sommet de la tête. Ce modèle peut être fait de bois, de craie ou de toute autre substance lisse et suffisamment cohésive pour se soutenir. Ceci étant préparé, mélangez du sulfate fin de chaux avec de l'eau, à la consistance de mastic doux, et après avoir brossé un peu d'huile d'olive sur le modèle, couvrez-le complètement avec le plâtre, qui doit être appliqué, et étalez dessus avec les mains, à la profondeur de deux pouces ou plus. Lorsque le plâtre est presque sec, divisez-le en plusieurs parties avec une lame fine, afin de le retirer du modèle sans casser aucune partie. Lorsque les différentes parties du moule sont sèches, huiler les à l'intérieur et les assembler comme précédemment, et les lier avec des morceaux de ruban adhésif ou de ficelle; mettre le moule à la verticale et le remplir d'un mélange frais de sulfate de chaux et d'eau, d'autant de consistance que l'on peut le verser par l'ouverture de la tête. Ce plâtre doit être versé dans le moule le plus rapidement possible après avoir été mélangé; autrement, il deviendrait trop rigide et gâté. Le plâtre dans le moule va bientôt adhérer, de sorte que le moule peut être enlevé, et les figures peuvent être mises en place pour sécher; et le moule étant huilé et remonté, est prêt pour une autre coulée. de sorte que le moule puisse être enlevé et que les figures puissent être mises à sécher; et le moule étant huilé et remonté, est prêt pour une autre coulée. de sorte que le moule puisse être enlevé et que les figures puissent être mises à sécher; et le moule étant huilé et remonté, est prêt pour une autre coulée.

69. POUR PRODUIRE DES LETTRES EN RELIEF OU DES FIGURES SUR MARBRE.- Prenez un peu du vernis coloré décrit en 37, et avec un crayon à cheveux, dessinez les lettres, etc. sur le marbre, (qui doit être préalablement bien poli,) et aussi couvrir avec le vernis, chaque partie de la face du marbre qui doit rester uni. Posez le

74

marbre en position horizontale et faites une bordure de mastic d'huile autour de lui, et versez de l'acide chlorhydrique à une profondeur d'un demi-pouce sur le marbre. Lorsque l'ébulition cesse, l'acide peut être évacué et le travail examiné; et si les lettres ne sont pas suffisamment proéminentes, une nouvelle quantité d'acide peut être ajoutée. Lorsque l'ouvrage a été ainsi corrodé à la profondeur requise, le vernis peut être lavé avec de l'essence de térébenthine. L'acide ainsi employé n'a pas besoin d'être perdu, car un muriate de chaux ainsi formé peut être cristallisé par une légère évaporation, et conservé à d'autres fins; ou par l'addition d'une petite quantité d'acide sulfurique, un sulfate de chaux est précipité, et le chlorure de sodium peut être versé et utilisé à nouveau dans le même but ou dans un but similaire.

70. POUR RAMOLLIR LA PIERRE. - Le marbre ou le granit peuvent être privés dans une certaine mesure de la propriété de cohésion en étant chauffés au rouge puis trempés dans l'huile. Dans ce cas, l'acide carbonique qui constitue la propriété cohésive de la pierre, est expulsé par la chaleur; et le vide ainsi produit dans ses pores, est en quelque sorte rempli par l'huile par la pression de l'atmosphère; ce qui signifie que la pierre acquiert une texture très différente de ce qu'elle avait auparavant. Cependant, cela n'est pas souvent appliqué à des fins utiles.

71. CHANGER LE BOIS APPAREMMENT, EN PIERRE.— Fournir un bloc, ou une planche de bois tendre, des dimensions requises, et lui donner deux ou trois couches d'huile de lin, en laissant chacune sécher. Après avoir préparé quelques morceaux de marbre ou de granit comme indiqué dans la dernière expérience, pulvérisez-les en une poudre grossière; badigeonner le bois d'une épaisse couche de vernis copal (voir 47) mélangé à une quantité égale de térébenthine de Venise; laisser reposer environ une heure, puis répandre la poudre de pierre sur chaque partie de celui-ci, de manière à couvrir complètement la surface. Si le marbre doit être imité, la poudre de différentes couleurs, en particulier le blanc et le bleu, peut être préparée séparément, et peut être répandue sur l'œuvre dans des nuances qui paraîtront les plus naturelles. Le granit peut également être croisé ou rayé de temps en temps avec des stries d'un grain plus gros, ce qui lui donnera un effet très trompeur. Lorsque le vernis est ainsi recouvert de pierre, un rouleau lourd, ou une bûche ronde de bois, ayant une couverture pliée et enroulée autour, doit être roulé sur l'ouvrage, que les plus gros grains, (qui bien sûr seront les plus exposés,) peuvent adhérer plus fermement. De cette manière, une imitation très parfaite de la pierre peut être donnée, et le bois ainsi préparé sera extrêmement durable, et répondra à de nombreuses fins, ainsi que la vraie pierre.

72. POUR RENDRE LE BOIS, LE TISSU OU LE PAPIER IGNIFUGE. —Dissoudre une once d'alun, une demi-once de sous-borate de soude et une demi-once de gomme de cerisier, dans une demi-pinte de vinaigre. Trempez n'importe quel tissu ou morceau de papier ou de bois dans ce mélange et laissez-les sécher; - ils ne peuvent pas être enflammés par la suite pour s'enflammer, mais peuvent être considérés comme sûrs en ce qui concerne leur prise de feu accidentelle. *Remarque.* - Bien que cette composition soit un très puissant préventif contre le feu, elle est trop complexe pour un usage courant, et a trop de couleur pour les chiffons ou papiers blancs; mais une solution d'une once de sous-borate de soude dans une pinte d'eau est très transparente et inoffensive, et répondra presque aussi bien dans la plupart des cas.

73. POUR PRODUIRE DU FEU FACILEMENT. - *Procédé 1.* Mélangez doucement mais intimement deux ou trois grains de chlorate de potasse et une quantité égale de pain de sucre, tous deux préalablement réduits en poudre fine: - trempez l'extrémité d'une bande de verre ou une paille dans de l'acide sulfurique, et avec lui toucher doucement la poudre, elle s'enflammera instantanément.

- *Procédé 2.* - Sur un drachme d'alcool de térébenthine, dans un verre, verser une quantité égale d'un mélange de trois parties de nitrique, avec une d'acide sulfurique. Il en résultera une inflammation instantanée, accompagnée de la production d'une grande quantité de fumée noire.

- PROCEDE 3. - Prenez un morceau de phosphore de la taille d'une tête d'épingle et enveloppez-le dans un morceau de papier brun sec: frottez le papier avec un morceau de bois, ou tout autre corps dur, et il s'enflammera instantanément. *Remarque.* - Lors de la manipulation du phosphore, il convient de faire intervenir un morceau de papier ou de tissu entre le bâton de phosphore et les doigts; et le phosphore doit être conservé sous l'eau, sauf si on le souhaite.

76. POUR FABRIQUER DES ALLUMETTES SUPER-COMBUSTIBLES.—Préparez n'importe quel nombre de petites lanières ou éclats de pin ou d'autre bois léger, qui peuvent mesurer environ deux pouces de longueur et un douzième de pouce de diamètre; tremper une extrémité de chacun dans du soufre fondu jusqu'à une profondeur d'un quart de pouce. Lorsqu'ils sont froids, grattez la majeure partie du soufre et plongez-en légèrement les extrémités dans une pâte composée de dix parties de chlorate de potasse, de cinq parties de pain de sucre et d'une partie de plomb rouge, mélangées et broyées ensemble dans de l'alcool. Ensuite, ils peuvent être facilement enflammés ou allumés à tout moment par application de la plus petite quantité d'acide sulfurique. A cet effet, les extrémités de celles-ci peuvent être trempées ou plutôt à peine touchées par l'acide dans une fiole, ou, ce qui est une meilleure façon, une bande de verre, ou même de bois peut être trempée dans l'acide et appliquée sur l'allumette.

77. POUR FAIRE DE LA POUDRE A CANON.- Pulvérisez séparément cinq drachmes de nitrate de potasse, un de soufre et un de charbon de bois fraîchement brûlé. Mélangez-les avec un peu d'eau, de manière à faire du composé une pâte; formez cette pâte en rouleaux de la taille d'un petit fil, ce qui peut être fait en roulant de petites quantités entre deux planches. Posez quelques-uns de ces rouleaux ensemble, coupez-les en très petits grains et placez-les sur une feuille de papier, dans un endroit chaud, pour qu'ils sèchent. La pâte peut être empêchée de coller à la planche en la roulant, en frottant sur la planche, un peu de poudre de composé sec. Lorsque les grains sont complètement secs, ils sont prêts à être utilisés ou expérimentés. Sur le même principe, la poudre à canon est fabriquée à grande échelle, mais alors les différentes parties de l'opération sont effectuées par des machines, sinon ce serait une marchandise très chère.

78. POUR FABRIQUER LES POUDRES FULMINANTES COURANTES. - Broyer et mélanger intimement trois parties de nitrate de potasse, deux de sous-carbonate de potasse et une de soufre. Si un demi-drachme de ce composé est placé sur une pelle et maintenu au-dessus d'un feu doux, il explosera bientôt avec un rapport fort. Il n'est cependant accompagné d'aucun danger. Si deux grains de chlorate de potasse en poudre et un de soufre sont mélangés ensemble et enveloppés dans un morceau de papier fort, et que le papier est ensuite frappé avec un marteau, il explosera également avec la détonation. Cette expérience peut nécessiter une certaine prudence. *Remarque.*- La poudre à percussion, telle qu'elle est utilisée pour amorcer les fusils à percussion brevetés, est composée de chlorate de potasse et de farine de soufre, avec une proportion insignifiante de charbon de bois et de sucre à pain, étant transformée en pâte ou pâte avec de l'alcool, grainé et séché.

79. POUR FAIRE LA POUDRE FULMINANTE MERCU-RIELLE.- Dissoudre une demi-once de mercure dans trois onces d'acide nitrique, en aidant la solution par une chaleur douce. Lorsque la solution est froide, versez-la sur une quantité égale d'alcool fort préalablement introduite dans un ballon et appliquez une chaleur modérée jusqu'à ce que l'effervescence soit excitée. (N'oubliez pas que la solution mercurielle doit être versée sur l'alcool, et non l'alcool sur la solution.) Une fumée blanche va bientôt commencer à onduler sur la surface de la liqueur, et s'écouler à travers le col du ballon, et un la poudre blanche sera progressivement précipitée. Dès qu'un précipité cesse de tomber, versez rapidement le contenu du ballon sur un filtre; laver la poudre avec de l'eau pure et la sécher avec précaution à une chaleur ne dépassant pas celle de l'eau bouillante. Le lavage immédiat de la poudre est matériel, car il est sujet à la réaction de l'acide nitrique; et tandis que l'un quelconque de cet acide y adhère, il est très sujet à être décomposé par l'action de la lumière. Cette poudre, si elle est très pure et bien faite, explose par percussion ou avec une chaleur modérée. *Expérience.* —Placez un quart de grain de cette poudre entre les extrémités de deux lamelles de carton-pâte, et collez-les ou liez-les solidement ensemble; - tenez les extrémités des lamelles sur la flamme d'une bougie, et dès que ça devient chaud, ça va exploser avec un bruit fort. Cette composition est moins dangereuse que les composés fulminants de l'or ou de l'argent, car elle n'explose jamais spontanément; mais pourtant il ne peut être manipulé avec trop de prudence. *Remarque.* - La poudre d'argent, ou argent fulminant, dont sont chargés les torpilles et les craquelins de Waterloo, est préparée de la même manière; l'argent pur étant dissous au lieu du mercure, mais il est trop dangereux pour être à la légère.

80. POUR ALLUMER UN FEU SOUS L'EAU. - Mettez dans un verre à vin profond, petit au fond, trois ou quatre morceaux de phosphore, de la grosseur de graines de lin, et deux ou trois fois la quantité de chlorate de potasse, en grains ou en cristaux, et remplissez le verre presque plein d'eau. Placez ensuite l'extrémité d'une tige de pipe à tabac directement sur ou sur le chlorate et le phosphore, et versez près d'une cuillère à café pleine d'acide sulfurique dans le bol de la pipe, afin qu'elle tombe directement sur le phosphore; une action violente s'ensuivra, et le phosphore brûlera vivement, avec une lumière très curieuse sous l'eau.

81. **ALLUMER UNE BOUGIE PAR APPLICATION DE GLACE.** - Fixez à la mèche d'une bougie, un petit morceau ou un globule de potassium (la base métallique de la potasse) de la taille d'un petit coup. Appliquez un glaçon ou une pointe de glace sur le métal et il s'enflammera instantanément. *Remarque.* - Cette curieuse substance, qui a la propriété particulière de s'enflammer au contact de la glace ou de l'eau, a été récemment découverte par Sir Humphrey Davy. Il est produit en faisant de la potasse pure une partie du circuit d'une puissante batterie voltaïque. Il ne peut être conservé qu'en étant immergé dans du naphta, sorte d'huile dont l'oxygène n'est pas un constituant.

82. POUR FORMER DES LETTRES OU DES FLEURS DE VRAIE FLAMME.- Fournissez un coffre en fer blanc d'environ dix-huit pouces de longueur, égale en hauteur et un pouce de largeur. Craie n'importe quel motif, de lettres ou de fleurs sur le visage de ce coffre, et percez chaque ligne avec des rangées de petits trous, qui devraient être distants d'environ un demi-pouce les uns des autres. - Faites une ouverture en haut, à travers laquelle verser environ un pinte d'un mélange de rhum et d'alcool de térébenthine. Placez deux ou trois lampes sous le fond de la poitrine (qui doit être légèrement surélevée du sol pour cela) pour réchauffer les esprits, mais pas pour les faire bouillir. Arrêtez l'ouverture en haut et après huit ou dix minutes (ce temps devrait être accordé à la vapeur pour expulser l'air atmosphérique, qui autrement provoquerait une explosion) appliquez la flamme d'une lampe sur les lignes percées; - en un instant, toutes les lignes seront couvertes de flammes,

83. PRODUIRE DES FLAMMES DE DIFFERENTES COULEURS.- Ceci peut être effectué en mélangeant certaines substances avec de l'alcool brûlant, ou en les appliquant avec la pointe d'un couteau-stylo, sur la mèche d'une lampe ou d'une bougie allumée. Ainsi, une belle flamme de couleur rose ou carmin peut être produite par le muriate de strontia: celle-ci est préparée en dissolvant le carbonate de strontia dans l'acide muriatique et en l'évaporant à sec. La préparation pour une couleur orange, est muriate de chaux; (une solution de marbre dans l'acide muriatique, évaporée à la cristallisation) qui doit être exposée à une chaleur modérée jusqu'à ce qu'elle soit privée de son eau de cristallisation et tombe en poudre. Une fine teinte verte est produite par l'acétate de cuivre ou l'acide boracique; ce dernier est obtenu en ajoutant de l'acide sulfurique à une solution de borate de soude (dans l'eau chaude) jusqu'à ce qu'il ait un goût sensiblement acide; en refroidissant, l'acide boracique se dépose en cristaux sur les parois du récipient. Le camphre donne à la flamme une couleur bleue; et le nitrate de strontia (préparé de la même manière que le muriate) un violet. Un jaune brillant peut également être produit par le muriate de soude. Chacune de ces préparations étant réduite en poudre, peut être enflammée avec trois ou quatre fois leur poids d'alcool, qui doit être préalablement réchauffé; et si le récipient qui le contient est maintenu chauffé aussi, la combustion sera d'autant plus brillante.

84. Fabriquer des fusees et des roues a feu.- Broyer et mélanger ensemble, (sécher) une livre de poudre à canon, deux onces de soufre, deux onces de nitrate de potasse et quatre onces de charbon de bois nouvellement brûlé. Faites ensuite plusieurs étuis ou cartouches en papier solides, en enveloppant du papier solide (humidifié avec de la pâte) quinze ou vingt fois autour d'un moule en bois, qui peut avoir un pouce de diamètre et dix pouces de longueur. Une extrémité de ce moule doit être rendue plus petite, étant seulement un quart de pouce de diamètre pour l'espace d'un pouce de sa longueur. Le papier doit être serré autour de ce col, et fortement lié avec de la ficelle, étant ainsi amené à une forme semblable au col d'une fiole. Ce col est appelé le starter de la cartouche. Sortez le papier du moule et procédez de la même manière avec un autre. Lorsqu'un nombre suffisant de cartouches est ainsi fabriqué et séché, placez l'un d'eux dans une douille qu'il remplira de près, puis remplissez la cartouche avec la poudre composée décrite ci-dessus, qui doit être jetée dans la cartouche en petites quantités, et chaque quantité doit être enfoncée ou abattue très fort, avec un pilon et un maillet de taille appropriée. Lors du remplissage de la cartouche, de petites quantités de l'une quelconque des préparations de coloration à la flamme, décrites dans l'article précédent, peuvent être ajoutées occasionnellement. Quand la cartouche est presque pleine, on peut ajouter quelques petites boules de coton, trempées dans de l'essence de térébenthine, pour produire l'apparence appelée étoiles. - Celles-ci aussi peuvent avoir du muriate de strontia ou de l'acide boracique répandu dessus. Ensuite, placez un morceau circulaire de carton épais sur les matériaux de la cartouche, ayant un petit trou à travers, communiquant avec la poudre ci-dessous; pose dessus, une demi-once de poudre à canon fine, et pliez le papier dessus de tous les côtés, cimentant les plis fermement avec de la colle, donnant ainsi à l'extrémité de la cartouche une forme conique. Puis percez un trou d'environ deux tiers de la longueur de la cartouche à partir du starter avec un gimblet ou un mors. Remplissez ce trou (qui doit être aussi grand que le starter, mais se rétrécissant vers l'autre extrémité) avec de la poudre à canon fine, jusqu'au starter, et remplissez le starter avec le composé, dont l'extérieur peut être légèrement humidifié, pour mieux gardez-le à sa place. Terminez les autres de la même manière et conservez-les dans un endroit chaud et sec jusqu'à utilisation. Ils doivent ensuite être attachés fermement à l'extrémité d'une tige de pin clair, avec le starter vers l'extrémité opposée. La longueur de la tige, devrait être environ neuf fois celle de la cartouche. La fusée étant alors soulevée par la tige, et étant enflammé à l'étranglement, le composé à l'intérieur brûle intensément, agit sur l'air et le fait monter. Les cartouches pour roues à incendie sont préparées de la même manière, mais sont généralement plus petites; et au lieu d'être attachés à une tige, ils sont attachés aux bras d'une roue, de telle manière qu'un violent mouvement de rotation est produit par leur combustion.

85. PRODUIRE DES BALLONS DETONANTS.- Humidifiez et comprenez une vessie jusqu'à ce qu'il n'y ait plus d'air, et nouez le col sur un bouchon perforé; placer le bouchon dans un flacon contenant les matériaux pour produire de l'hydrogène gazeux (voir 9.) ainsi transporter dans la vessie une quantité de gaz, puis retirer le bouchon dans un autre ballon, contenant deux ou trois onces d'oxyde noir de manganèse, humidifié avec de l'acide sulfurique, suffisant pour former avec lui une pâte molle; appliquer la chaleur d'une lampe, et l'oxygène gazeux se dégagera et montera également à travers le col du ballon; de cette manière, acheminer dans la vessie près de la moitié de la quantité d'oxygène gazeux qu'elle contenait auparavant d'hydrogène. Ensuite, attachez la tige d'une pipe à tabac dans le col de la vessie, et plongez le bol de la pipe dans une solution de savon dans l'eau, (savon-mousse) et comprenez un peu la vessie, de manière à faire gonfler une bulle de la cuvette du tuyau; - secouer la bulle qui, étant plus légère que l'air atmosphérique, montera naturellement ou flottera horizontalement dans l'air. Si la flamme d'une bougie est mise en contact avec l'un de ces ballons, ou bulles flottantes, elle explosera avec une violente détonation, ressemblant au rapport d'un pistolet. Si ce gaz composé est forcé dans l'eau, de manière à former plusieurs bulles à la surface, et que la flamme leur est ensuite appliquée, il en résultera une volée d'explosions. La prudence est de mise dans ces expériences, que le feu ne soit pas communiqué à la vessie, car une telle explosion pourrait ne pas être sans danger. ou bulles flottantes, il explosera avec une violente détonation, ressemblant au rapport d'un pistolet. Si ce gaz composé est forcé dans l'eau, de manière à former plusieurs bulles à la surface, et que la flamme leur est ensuite appliquée, il en résultera une volée d'explosions. La prudence est de mise dans ces expériences, que le feu ne soit pas communiqué à la vessie, car une telle explosion pourrait ne pas être sans danger. ou bulles flottantes, il explosera avec une violente détonation, ressemblant au rapport d'un pistolet. Si ce gaz composé est forcé dans l'eau, de manière à former plusieurs bulles à la surface, et que la flamme leur est ensuite appliquée, il en résultera une volée d'explosions. La prudence est de mise dans ces expériences, que le feu ne soit pas communiqué à la vessie, car une telle explosion pourrait ne pas être sans danger.

86. PREPARER UNE FIOLE QUI DONNERA DE LA LUMIERE DANS L'OBSCURITE. - Remplissez une petite fiole à environ un tiers d'huile d'olive; ajoutez à cela un morceau de phosphore égal à un dixième du poids de l'huile. Bouchez la fiole et enveloppez-la dans du papier pour exclure la lumière, et placez-la ou suspendez-la dans un endroit chaud, mais où la chaleur peut ne pas être égale à celle de l'eau bouillante, jusqu'à ce que le phosphore semble se dissoudre. Cette fiole peut être portée dans la poche, et chaque fois que le bouchon est démarré dans la nuit, la fiole évoluera suffisamment léger pour indiquer l'heure sur une montre.

87. RENDRE LE VISAGE D'UNE PERSONNE LUMINEUX DANS L'OBSCURITE. —Préparez de l'huile phosphorée (comme indiqué 27) et frottez-la sur le visage. Cette huile, bien qu'elle paraisse lumineuse dans le noir, n'a pas le pouvoir de brûler quoi que ce soit, de sorte qu'elle puisse être frottée sur le visage ou les mains sans danger; et l'apparence ainsi produite est la plus affreusement effrayante. Toutes les parties du visage qui ont été frottées semblent recouvertes d'une flamme bleuâtre lumineuse, et la bouche et les yeux apparaissent comme des taches noires. sur la partie lumineuse.

88. POUR GELER L'EAU PAR TEMPS CHAUD.—Tirez un fil à travers un petit tube de verre; fermez une extrémité puis remplissez le tube avec de l'eau. Mélangez des parties égales de nitrate d'ammoniaque et d'eau et plongez le tube dans ce mélange. L'eau dans le tube sera congelée immédiatement et peut être tirée par le fil. Le même effet peut être produit par un mélange d'une partie de muriate d'ammoniaque, d'une partie de nitrate de potasse et de trois parties d'eau. Pour ces expériences, les sels mentionnés ci-dessus doivent être frais, secs et finement pulvérisés avant le mélange; le mélange doit être fait dans un récipient en étain qui cst enduit à l'intérieur de cire d'abeille, et a une enveloppe de flanelle autour de l'extérieur, et le tube doit être immergé rapidement, dès que les ingrédients sont mélangés. Pour produire un degré de froid plus élevé ou intense, un petit récipient d'eau est d'abord placé dans un de ces mélanges de congélation jusqu'à ce qu'il devienne très froid, puis la proportion appropriée des sels y est ajoutée, et le tube, etc. immergé dedans. L'eau du tube peut aussi être congelée, en baignant continuellement l'extérieur de celui-ci avec de l'éther sulfurique: l'évaporation de l'éther emporte le calorique de la fluidité et l'eau se fige.

89. POUR CHANGER LES COULEURS DES ANIMAUX.— Toutes taches noires ou de couleur foncée sur certains animaux, en particulier les chevaux, peuvent être effectivement changées en blanc, au moyen de toute substance qui frottera ou cloquera la peau; ainsi une tache blanche de toute forme peut être produite sur un cheval noir, en rasant les poils de la partie à marquer ainsi, et en appliquant un enduit de mouches espagnoles ou de chaux vive imbibée de vinaigre; cet plâtre doit être découpé à la taille et à la forme requises pour la marque, et doit être maintenu lié jusqu'à ce que la peau soit boursouflée, ou presque. La prochaine couche de cheveux sera infailliblement blanche. Les taches blanches peuvent être changées en noir ou en brun, uniquement au moyen d'huiles ou de graisse. La graisse de bacon a été recommandée à cet effet, mais si l'huile ou la graisse d'un ours peut être obtenue, elle s'avérera plus efficace, car cette graisse est bien connue pour avoir une tendance remarquable à assombrir la couleur des animaux et même le teint. Mais l'un ou l'autre de ceux-ci, et en fait de nombreux autres types, répondra à cet objectif s'il est correctement appliqué et fréquemment répété.

90. POUR DONNER AU CUIR UN BEL ECLAT METALLIQUE. - Reviguer une once de plumbago mou de couleur plomb et une quantité égale (en vrac) de noir de lampe, dans une branchie d'alcool; puis ajoutez une demi-once de sucre à pain, humidifié avec de l'eau et broyez le tout. Le cuir doit d'abord être brossé doucement avec cette composition, et une fois sec, il doit être brossé dur et rapidement avec une brosse lisse et sèche; ou peut être frotté avec un morceau de tissu de laine. Ce noircissement sera utile à certaines fins ornementales, mais peut être un peu trop brillant pour les bottes et les chaussures. Cette composition, cependant, peut être mélangée occasionnellement avec d'autres types de noircissement, et aura tendance à augmenter leur luminosité.

91. UNE METHODE SIMPLE POUR EXTRAIRE L'ESSENCE DES ROSES. - Prenez les feuilles de roses et écrasez-les: puis stratifiez-les avec un poids égal de muriate de soude, dans un récipient en terre glacé: et laissez-le rester au repos un mois ou plus. Ensuite, filtrez l'essence de celui-ci, à travers un chiffon solide par pression. L'essence ainsi procurée est tout à fait égale, sinon supérieure à des fins culinaires, à celle qui est procurée par distillation.

92. PREPARER DIVERS TYPES D'ESSENCES.- La manière d'extraire les huiles essentielles, accompagnée de dépenses considérables de préparations, d'alambics, etc. une description particulière du procédé ne serait pas, présumée, suffisamment intéressante pour justifier son insertion. Mais la manière de réduire les huiles à l'état dans lequel elles sont plus généralement vendues, et se distingue par le terme «essences», est la suivante. À une demi-pinte d'alcool, ajoutez une once de l'une des huiles essentielles (citron, cannelle, renard, menthe poivrée, etc.) et secouez-les ensemble; placez le mélange dans un endroit chaud pendant quelques minutes, et s'il reste un aspect opaque ou laiteux, un peu plus d'alcool doit être ajouté. Lorsque cela est devenu clair, il peut être dilué de temps en temps avec du rhum neuf. Les essences de foxberry et de cannelle sont colorées avec quelques gouttes de teinture de rouge saunders;

93. POUR PREPARER DE L'EAU GAZEUSE.- Seuls deux articles sont nécessaires pour cette préparation; dont l'un est le super-carbonate de soude ou de potasse (sal eratus) et l'autre est l'acide citrique ou tartrique. Les super-carbonates se forment en faisant passer un courant d'acide carbonique gazeux (qui est produit en ajoutant de l'acide muriatique au marbre pulvérisé) à travers une solution de soude ou de potasse dans l'eau, puis s'évaporant jusqu'à ce qu'il cristallise. L'acide citrique est préparé à partir du jus de citrons; et l'acide tartrique (qui est plus généralement utilisé) est obtenu à partir de super-tartrate de potasse. Mais, étant des articles de commerce courants, une description plus minutieuse du processus de préparation de ceux-ci peut ne pas être utile ici. Le composé appelé poudres de soude consiste en une dizaine de grains de l'un ou l'autre des super-carbonates, avec une quantité égale de l'un ou l'autre des acides, dans chaque papier; ce composé, dissous dans un verre d'eau, produit une violente effervescence, et s'il est bu à ce moment-là, donne à l'eau un goût acide intelligent et agréable. Le sel et l'acide, s'ils sont mélangés en poudre, doivent être maintenus parfaitement secs; sinon, ils agiraient les uns sur les autres et seraient bientôt gâtés. Pour cette raison, ils sont fréquemment préparés dans des papiers séparés et vendus par lots. L'eau gazeuse est préparée de la même manière à plus grande échelle; les sels et l'acide étant mis dans un tonneau d'eau, qui est si confiné, que l'acide carbonique ne peut avoir d'autre évacuation qu'en expulsant l'eau par un tuyau fixé à cet effet avec un tube, etc. ils agiraient l'un sur l'autre et seraient bientôt gâtés. Pour cette raison, ils sont fréquemment préparés dans des papiers séparés et vendus par lots. L'eau gazeuse est préparée de la même manière à plus grande échelle; les sels et l'acide étant mis dans un tonneau d'eau, qui est si confiné, que l'acide carbonique ne peut avoir d'autre évacuation qu'en expulsant l'eau par un tuyau fixé à cet effet avec un tube, etc. ils agiraient l'un sur l'autre et seraient bientôt gâtés. Pour cette raison, ils sont fréquemment préparés dans des papiers séparés et vendus par lots. L'eau gazeuse est préparée de la même manière à plus grande échelle; les sels et l'acide étant mis dans un tonneau d'eau, qui est si confiné, que l'acide carbonique ne peut avoir d'autre évacuation qu'en expulsant l'eau par un tuyau fixé à cet effet avec un tube, etc.

94. PRODUIRE DES ARBRES METALLIQUES. *Procédé 1.* - Mélangez une partie d'une solution saturée de nitrate d'argent avec vingt parties d'eau pure et versez le mélange sur deux parties de mercure dans une fiole. Après un certain temps (le mercure étant laissé tranquillement debout), les branches et la silhouette d'un arbre, formé d'argent brillant, sembleront se développer à partir du mercure d'une très belle manière. L'argent en solution étant ainsi privé de son oxygène par le mercure métallique, et par conséquent précipité.

- Procédé 2. - Dissoudre deux drachmes d'acétate de plomb dans six onces d'eau; filtrer la solution et la verser dans une large fiole propre. Suspendre ensuite un granulé de zinc, par un fil ou un fil fixé au bouchon de la fiole, au milieu de la solution, et placer la fiole là où elle ne sera pas dérangée. Au bout de quelques heures, le plomb, désoxydé par le zinc, se précipitera sur le zinc, en forme de feuilles, qui aura un aspect très brillant.

96. POUR ETAMER LE CUIVRE PAR EBULLITION. - Faire bouillir une demi-livre d'étain granulé et six onces de super tartrate de potasse dans trois pintes d'eau; quand ils ont bouilli une demi-heure, mettez dans n'importe quel morceau de vaisselle de cuivre et continuez à bouillir encore quinze minutes. Le cuivre peut alors être retiré, et aura été joliment enduit d'étain.

97. UN METAL QUI FONDRA DANS L'EAU CHAUDE. — Fondre ensemble huit parties de bismuth, cinq de plomb et trois d'étain. Cet alliage, bien que dur et brillant, à froid, est si facilement fusible qu'il peut être fondu sur un papier, étant tenu au-dessus de la flamme d'une bougie. Les cuillères à thé peuvent être faites de ce métal composé, qui peut être fondu en les mettant dans une tasse de thé chaud.

98. ILLUSTRATION DE L'IMPRESSION CALICOT.- Il arrive fréquemment que des substances de couleurs différentes, ou même sans couleur, en entrant en contact, produisent des couleurs très différentes de celle de l'un ou l'autre des ingrédients séparés; ainsi, si une feuille de papier est rayée dans un sens avec un crayon à cheveux trempé dans une solution de sous-carbonate de potasse; puis croisée avec une solution d'acide sulfurique, diluée avec cinq fois plus d'eau, elle sera incolore; mais trempez-le dans un mélange d'une solution faible de sulfate de fer et d'infusion de galles de noix, et il deviendra instantanément un beau plaid; le fond est violet, rayé dans un sens de noir et croisé de blanc. Si un papier similaire est rayé de sous-carbonate de potasse, croisé avec une infusion de galles, puis trempé dans une solution de sulfate de fer, il deviendra violet, jaune, noir et blanc. Trempez un morceau de calicot blanc dans une solution froide de sulfate de fer et laissez sécher. Ensuite, imprimez tous les chiffres dessus avec une solution forte d'acide citrique incolore et laissez-le sécher également. Si la pièce est ensuite bien lavée à l'eau tiède, puis bouillie dans une décoction de bois de bûche, le sol sera teint en ardoise ou en noir, selon la force de la solution métallique, tandis que les figures imprimées resteront magnifiquement blanc. Colorez quelques parties d'une feuille de papier d'un brun pourpre, avec un mélange d'infusion de galles et de sulfate de fer; tachez les autres parties en vert avec un mélange de teintures de curcuma et de tournesol; tachez les autres parties en violet avec du jus de chou rouge; les autres parties sont rouges avec une teinture de tournesol et d'acide muriatique; autres parties jaunes avec une teinture de curcuma; laver le reste de la feuille avec une solution de sulfate de fer, qui restera blanche. Puis imprimez, ou dessinez avec un crayon poil de chameau, n'importe quelle figure ou figures sur chaque partie du papier, avec une solution de sous-carbonate de potasse. Sur le marron pourpre, la figure sera noire; sur le vert, ce sera violet; sur le violet, ce sera vert; sur le rouge, ce sera bleu; sur le jaune, rouge; et sur le blanc, il prendra une couleur jaune. Ainsi, la figure apparaîtra dans des couleurs différentes du sol dans chaque partie. Plongez un morceau de coton blanc dans une solution de sulfate de fer - il restera blanc; trempez un autre morceau dans la teinture de curcuma, il prendra un jaune; mouillez un autre morceau avec du jus de chou rouge, contenant aussi quelques gouttes d'acide chlorhydrique, - il sera rouge; teindre un autre morceau en vert, en le plongeant dans un mélange de teinture de curcuma et de tournesol; et un autre, violet par un mélange d'infusion de galles et de sulfate de fer. Laissez-les sécher; puis plongez-les tous ensemble dans une solution de sous-carbonate de potasse. Le blanc sera changé en jaune; le jaune au rouge; le rouge au vert; le vert au violet; et le violet au noir; et il n'est pas improbable que du noir puisse être matériellement changé ou blanchi par la même solution simple.

99. PREPARER UNE IMITATION DE BRONZE DORE. - Faire fondre deux onces d'étain et y mélanger une once de mercure; quand il fait froid, pulvérisez-le et ajoutez une once de muriate d'ammoniaque et une once de soufre, et broyez-les tous ensemble. Mettez le composé dans une fiole et chauffez-le dans un feu clair (en évitant soigneusement les vapeurs) jusqu'à ce que le mercure se sublime et monte en vapeur. Lorsque la vapeur cesse de monter, retirez le verre du feu. Une poudre de couleur or floconneuse restera dans le flacon, qui peut être appliquée aux travaux ornementaux à la manière du bronze doré, dont elle est une imitation tolérable.

100. POUR SE PROCURER LE GAZ EXALTANT.- Mettez une quantité de nitrate d'ammoniaque dans une fiole et appliquez la chaleur d'une lampe qui doit être douce et bien réglée. Le sel se liquéfiera en peu de temps et devra ensuite être laissé mijoter tranquillement, en évitant une violente ébullition. Le gaz sera dégagé, et montera à travers le col du ballon, et peut être collecté dans une vessie contenant une petite quantité d'eau, et devrait être laissé au repos quelques heures, et déplacé dans une autre vessie, ou un sac verni en soie avant c'est utilisé. Bien que ce gaz ne soit pas apte à supporter la vie, il peut cependant être respiré pendant une courte période, et les effets qu'il produit sur la structure de l'animal sont ses propriétés les plus extraordinaires. Les effets de ce gaz sont en général très agréables et ressemblent à ceux qui accompagnent l'agréable période d'intoxication. Sensations de plaisir exquises; une irrésistible propension au rire; un flux rapide d'idées vives; une forte incitation au mouvement musculaire, sont les sentiments ordinaires qu'elle produit. Et ce qui est extrêmement remarquable, c'est que l'ivresse ainsi produite, au lieu d'être succédée par la débilité consécutive à l'ivresse d'esprits ardents, rend au contraire généralement la personne qui la prend, joyeuse et pleine d'entrain pour le reste du temps. le jour.

101. CONSTRUCTION D'UNE PILE OU D'UNE BATTERIE GALVANIQUE.- Procurez-vous au moins cinquante plaques minces de cuivre et le même nombre de plaques de zinc, qui peuvent toutes avoir environ la taille d'un dollar, mais pas aussi épaisses. Les plaques de cuivre et de zinc peuvent être soit coulées dans des moules, soit découpées dans des plaques laminées des métaux. En plus des plaques de cuivre et de zinc, il est nécessaire de disposer d'un nombre égal de pièces de tissu de laine, plutôt plus petites que les plaques métalliques. Laissez-les tremper dans une solution de muriate de soude, jusqu'à ce qu'ils l'aient complètement imbibée; puis retirez-les de la solution et pressez-les doucement pour expulser l'eau surabondante. Puis, ayant fourni un morceau de bois circulaire, un peu plus grand que les assiettes, couvrez-le d'une feuille d'étain, et posez sur celui-ci une plaque de zinc, dessus une plaque de cuivre, puis un morceau de tissu humidifié; ensuite une plaque de zinc, etc. Continuez cet arrangement de zinc, de cuivre et de tissu jusqu'à ce que toutes les pièces fournies soient posées. Comme le pieu a commencé avec du zinc, il doit être conclu avec du cuivre. Cette pile peut être contreventée de temps en temps avec des bandes de verre pour éviter qu'elle ne soit renversée, Fixer l'extrémité d'un morceau de fil métallique, en contact avec la base, et poser l'extrémité d'une autre pièce sur le dessus de la pile; si ainsi, les extrémités opposées du fil sont mises en contact les unes avec les autres, ou si elles sont reliées par un corps conducteur, de manière à former un circuit de conducteurs, la pile fournira un courant constant et puissant du fluide galvanique à travers eux pendant de nombreuses heures. Si les mains sont humidifiées et que l'une d'elles est appliquée sur chacun des fils, un choc sera reçu. L'or et d'autres métaux ont été fondus et même brûlés; et potasse, la soude et la chaux ont été réduites à leurs états métalliques respectifs, en faisant partie d'un circuit galvanique. Lorsque la pile n'est pas utilisée, elle doit être démontée, ce qui la préservera de l'usure, et les plaques devront être nettoyées de temps en temps, ce qui peut être facilement fait avec de l'acide chlorhydrique dilué.

102. CONSTRUCTION DU TUBE DE SOUFFLAGE OXY-HYDROGENE.- Cet instrument utile consiste en un récipient cubique, fait de fer-blanc, mesurant entre dix et vingt pouces de longueur, largeur et hauteur. L'intérieur est divisé en quatre appartements égaux, par deux cloisons, se croisant au centre. Les deux appartements avant sont couverts au sommet, et chacun d'eux a un tube fixé à l'avant, près du sommet, avec un robinet d'arrêt. Les autres appartements sont ouverts en haut, et communiquent avec ceux en face, par une petite ouverture près du bas de chacun. Ces appartements étant tous remplis d'eau, ceux de l'avant sont remplis, l'un avec de l'oxygène et l'autre avec de l'hydrogène gazeux, ce qui se fait en forçant les gaz à y pénétrer à travers les tubes à l'avant, ce qui fait reculer l'eau par l'ouverture. en bas, et par conséquent, une partie de l'eau est forcée sur le dessus des autres appartements; ou plutôt, peut s'écouler à travers de petits tubes, fixés à cet effet, près du sommet, semblables à ceux de l'avant. Lorsque les appartements avant sont remplis de gaz, (ce qui peut être connu par le bouillonnement dans les autres) les tubes sont arrêtés, et deux tuyaux de plomb y sont fixés, dont les extrémités opposées sont placées de telle sorte que les deux courants de gaz, lorsqu'il est expulsé des réservoirs de gaz, peut entrer en contact très près des extrémités des tuyaux. Lorsque les tubes sont ouverts, la pression de l'eau expulsera les gaz, et par conséquent se déposera, et devra être remplie, de manière à maintenir les appartements à peu près pleins. Lorsque les deux flux de gaz sont allumés au point de contact, une flamme se produit d'une intensité suffisante pour brûler l'or, l'argent, le cuivre ou l'étain, avec une combustion très brillante. similaires à ceux de l'avant. Lorsque les appartements avant sont remplis de gaz, (ce qui peut être connu par le bouillonnement dans les autres) les tubes sont arrêtés, et deux tuyaux de plomb y sont fixés, dont les extrémités opposées sont placées de telle sorte que les deux courants de gaz, lorsqu'il est expulsé des réservoirs de gaz, peut entrer en contact très près des extrémités des tuyaux. Lorsque les tubes sont ouverts, la pression de l'eau expulsera les gaz, et par conséquent se déposera, et devra être remplie, de manière à maintenir les appartements à peu près pleins. Lorsque les deux flux de gaz sont allumés au point de contact, une flamme se produit d'une intensité suffisante pour brûler l'or, l'argent, le cuivre ou l'étain, avec une combustion très brillante. similaires à ceux de l'avant. Lorsque les appartements avant sont remplis de gaz, (ce qui peut être connu par le bouillonnement dans les autres) les tubes sont arrêtés, et deux tuyaux de plomb y sont fixés, dont les extrémités opposées sont placées de telle sorte que les deux courants de gaz, lorsqu'il est expulsé des réservoirs de gaz, peut entrer en contact très près des extrémités des tuyaux. Lorsque les tubes sont ouverts, la pression de l'eau expulsera les gaz, et par conséquent se déposera, et devra être remplie, de manière à maintenir les appartements à peu près pleins. Lorsque les deux flux de gaz sont allumés au point de contact, une flamme se produit d'une intensité suffisante pour brûler l'or, l'argent, le cuivre ou l'étain, avec une combustion très brillante. et deux tuyaux de plomb y sont fixés, dont les extrémités opposées sont placées de telle sorte que les deux courants de gaz, lorsqu'ils sont expulsés des réservoirs de gaz, peuvent entrer en contact très près des extrémités des tuyaux. Lorsque les tubes sont ouverts, la pression de l'eau expulsera les gaz, et par conséquent se déposera, et devra être remplie, de manière à maintenir les appartements à peu près pleins. Lorsque les deux flux de gaz sont allumés au point de contact, une flamme se produit d'une intensité suffisante pour brûler l'or, l'argent, le cuivre ou l'étain, avec une combustion très brillante. et deux tuyaux de plomb y sont fixés, dont les extrémités opposées sont placées de telle sorte que les deux courants de gaz, lorsqu'ils sont expulsés des réservoirs de gaz, peuvent entrer en contact très près des extrémités des tuyaux. Lorsque les tubes sont ouverts, la pression de l'eau expulsera les gaz, et par conséquent se déposera, et devra être remplie, de manière à maintenir les appartements à peu près pleins. Lorsque les deux flux de gaz sont allumés au point de contact, une flamme se produit d'une intensité suffisante pour brûler l'or, l'argent, le cuivre ou l'étain, avec une combustion très brillante. et doit être réapprovisionné, afin de garder les appartements presque pleins. Lorsque les deux flux de gaz sont allumés au point de contact, une flamme se produit d'une intensité suffisante pour brûler l'or, l'argent, le cuivre ou l'étain, avec une combustion très brillante. et doit être réapprovisionné, afin de garder les appartements presque pleins. Lorsque les deux flux de gaz sont allumés au point de contact, une flamme se produit d'une intensité suffisante pour brûler l'or, l'argent, le cuivre ou l'étain, avec une combustion très brillante.

103. FAIRE UNE POUDRE PHOSPHORESCENTE SECHE.- Prenez des coquilles d'huîtres épaisses, lavez-les et calcinez-les en les gardant au feu rouge pendant une demi-heure: sélectionnez ensuite les parties les plus claires et les plus blanches et réduisez-les en poudre. Mélangez trois parties de cette poudre avec une des farines de soufre; remplir un creuset de ce composé, en le pressant ou en le battant aussi dur et solide que possible, sans casser le creuset. Mettez le creuset dans le feu et chauffez-le modérément au début, mais augmentez progressivement la chaleur pendant une heure, temps pendant lequel il doit s'approcher d'une chaleur presque blanche. Ensuite, laissez refroidir, et sélectionnez à nouveau dans la masse, les parties les plus blanches et les plus pures, qui doivent être conservées dans une fiole avec un bouchon en verre. Cette poudre a la propriété particulière de s'imprégner des rayons du soleil le jour et de les réémettre la nuit; ou si la fiole le contenant,

104. CURIEUSE EXPERIENCE DE PRECIPITATION. - Mettez cinq verres sur la table, et remplissez presque l'un d'eux d'une solution de sulfate de fer; et un autre avec une solution de sulfate de cuivre; un troisième avec une solution de nitrate de bismuth; verser dans le quatrième une solution de nitromuriate de cobalt, et dans le cinquième une solution d'acétate de plomb ou de sulfate de zinc. Ces solutions liquides peuvent toutes être diluées de manière à être incolores. Versez ensuite dans chaque verre, quelques gouttes d'une solution incolore de prussiate de potasse. Le contenu du premier verre sera instantanément changé en une couleur entièrement bleue; ceux de la seconde à un brun rougeâtre; ceux du troisième, à un jaune; le quatrième à un vert et le cinquième à un blanc. Ainsi cinq couleurs distinctes seront données, par l'ajout d'une solution incolore.

105. FAIRE UN BEAU VERRE SOUPLE POUR LES BI-JOUX.- Prenez six onces de sable blanc fin et propre, trois onces de plomb rouge, trois onces de sous-carbonate pur de potasse, une once de nitrate de potasse, une demi-once de borate de soude et deux drachmes d'arsenic; mélangez-les et écrasez-les tous ensemble. Mettez le composé dans un creuset et placez-le dans un feu commun, en le remuant souvent avec une tige de fer, jusqu'à ce qu'il soit bien fondu et devienne transparent. Ce composé se liquéfiera très facilement sans grande chaleur, si le sable est fin, (ce qui nécessite parfois d'être broyé ou pilé dans un mortier de verre ou de silex,) et s'il est maintenu fondu pendant un certain temps, deviendra magnifiquement transparent, et peut être coulé ou soufflé à la manière d'un autre verre. Ce verre peut être changé en une couleur rouge ou rubis, en ajoutant et en fusionnant avec lui, une petite quantité de précipité d'or finement pulvérisé, (or précipité d'une solution dans l'acide nitro-muriatique par addition d'étain.) Il peut également être changé en bleu par l'addition de zaffre, (un minerai de cobalt,) et de magnésie: une couleur verte peut être donnée par un précipité de cuivre; et jaune par le fer calciné, et blanc par les os calcinés. Ce sujet est traité en grande partie dans la *Servante des Arts*, à laquelle, pour de plus amples informations sur le sujet, le lecteur est renvoyé.

106. COMPOSITION DE DIVERS TYPES DE VERRE.— Le meilleur verre à silex est composé de 129 livres. de sable blanc, 50 lbs. de plomb rouge, 40 lbs. de sous-carbonate de potasse, 20 livres. de nitrate de potasse, et

5 onces. de magnésie. Le meilleur verre de couronne est composé de 60 livres. de sable blanc, 30 livres. de sous-carbonate de potasse, 15 lbs. de nitrate de potasse, 1 lb de borate de soude et ½ lb d'arsenic. La composition du verre à vitre vert commun est de 120 lb. de sable blanc, 30 livres. de sous-carbonate de potasse, 60 livres. de cendres de bois, 20 livres. de muriate de soude et 5 livres. d'arsenic. La composition pour regarder les plaques de verre, est de 60 livres. de sable blanc propre, 25 livres. de sous-carbonate purifié de potasse, 15 lbs. de nitrate de potasse, et 7 livres. de borate de soude. Le verre de bouteille vert commun est fabriqué à partir de 200 lb. de cendres de bois, et 100 livres. de sable. Les matériaux de fabrication du verre sont d'abord réduits en poudre;

107. COMPOSITION DE DIVERS ALLIAGES.- Le laiton est composé de deux parties de cuivre pour une de zinc; ou du cuivre et de la calamine (un minerai de zinc) en quantités égales. Pinchbeck se compose de cinq à dix parties de cuivre et une de zinc. La cloche en métal est composée de trois parties en cuivre et une en étain. Gun metal, neuf parties de cuivre et une d'étain. Tombac, seize parties de cuivre, une partie de zinc et une d'étain. La composition de l'étain est de sept livres d'étain, une de plomb, quatre onces de cuivre et deux de zinc. Celui du métal type est composé de neuf parties de plomb, deux parties d'antimoine et une de bismuth. Soudure, deux parties de plomb avec une en étain. Le métal de la reine, neuf parties d'étain, une de bismuth, une d'antimoine et une de plomb. L'or bijou est composé de vingt-cinq parties d'or, de quatre parties d'argent et de sept parties de cuivre fin. Lors de la formation de composés ou d'alliages métalliques,

108. PRODUIRE DIVERS TYPES DE GAZ.- À trois ou quatre onces de craie ou de marbre pulvérisés, humidifiés dans un ballon, avec une quantité égale d'eau, ajoutez une once d'acide sulfurique; , et peut être conduit par des tuyaux, à tout récepteur approprié. Au lieu du marbre ou de la craie, remplacez le zinc granulé: dans ce cas, de l'hydrogène gazeux se dégagera; mais cela peut nécessiter une plus grande proportion d'eau. Versez de l'acide sulfurique sur une quantité similaire de muriate sec de soude: le gaz d'acide muriatique se dégagera rapidement. Procédez de la même manière avec une quantité semblable d'oxyde noir de manganèse, appliquez la chaleur d'une lampe, et de l'oxygène gazeux sera produit. Mettez dans le ballon, deux ou trois onces de bœuf maigre, coupé en petits morceaux; verser sur eux une once d'acide nitrique diluée avec trois onces d'eau; appliquez la chaleur d'une lampe et de l'azote gazeux sera libéré. Poudre séparément, quantités égales de muriate d'ammoniaque et de chaux nouvellement brûlée; mettez-les ensemble dans une fiole et appliquez une chaleur douce; du gaz ammoniac sera dégagé. Versez une once d'acide nitrique, diluée avec cinq fois son poids d'eau, sur une once de lambeaux ou de copeaux de cuivre; le gaz nitreux se dégagera rapidement. Broyer trois parties de muriate de soude avec deux parties d'oxyde noir de manganèse; introduire ce mélange dans le ballon et ajouter deux parties d'acide sulfurique, diluées avec une quantité égale d'eau; appliquer une chaleur douce et du chlore gazeux se dégagera. Versez une once d'acide nitrique, diluée avec cinq fois son poids d'eau, sur une once de lambeaux ou de copeaux de cuivre; le gaz nitreux se dégagera rapidement. Broyer trois parties de muriate de soude avec deux parties d'oxyde noir de manganèse; introduire ce mélange dans le ballon et ajouter deux parties d'acide sulfurique, diluées avec une quantité égale d'eau; appliquer une chaleur douce et du chlore gazeux se dégagera. Versez une once d'acide nitrique, diluée avec cinq fois son poids d'eau, sur une once de lambeaux ou de copeaux de cuivre; le gaz nitreux se dégagera rapidement. Broyer trois parties de muriate de soude avec deux parties d'oxyde noir de manganèse; introduire ce mélange dans le ballon et ajouter deux parties d'acide sulfurique, diluées avec une quantité égale d'eau; appliquer une chaleur douce et du chlore gazeux se dégagera. *Remarque.* - Lorsque l'un ou l'autre des derniers gaz mentionnés est produit, il faut faire très attention à ce qu'ils ne s'échappent pas dans la pièce, en quantité considérable, car leur action sur les poumons est extrêmement préjudiciable.

109. DIVERS TESTS CHIMIQUES.- Lorsque l'on soupçonne que l'eau contient une substance étrangère en solution, divers moyens peuvent être utilisés pour détecter et vérifier la qualité des substances combinées; ainsi, les acides peuvent être détectés en immergeant dans l'eau, une feuille de papier de couleur tournesol, qui, si de l'acide est présent, sera changée en rouge. De la même manière, les alcalis peuvent être détectés par une bande de papier jaune curcuma, qui sera également changée en rouge par les alcalis. Ces tests sont sensibles à la présence d'un acide ou d'un alcali dans la proportion de un à dix mille. Le fer peut être détecté par une goutte d'infusion de galles, ce qui donnera à l'eau (si du fer est présent) une teinte brune. Une goutte d'acide sulfurique précipite les barytines sous forme de poudre blanche. Une eau de chaux claire et transparente (eau dans laquelle la chaux a été éteinte puis laissée se déposer) indiquera la présence d'acide carbonique par une blancheur laiteuse. Sur le même principe, une solution de super-carbonate de potasse détectera la chaux. Quelques gouttes de nitrate d'argent découvriront instantanément l'acide muriatique, par un précipité floconneux blanc. L'acide muriatique, par conséquent, est un bon test pour l'argent. L'acétate de plomb, en solution, est un test d'hydrogène sulfuré, qui provoque un précipité de couleur noire. Le nitrate de mercure est un excellent test pour l'ammoniac, dont une partie, avec 30 000 parties d'eau, est indiquée par une teinte jaune noirâtre lors de l'ajout du test. L'ammoniac liquide est un test très sensible pour le cuivre, avec lequel il prend une fine couleur bleue. Le nitro-muriate d'or découvrira la présence d'étain, par un beau précipité pourpre.

110. POUR PRODUIRE UNE IMAGE INSTANTANE-MENT, DANS UNE VARIETE DE COULEURS.- Peignez n'importe quelle image sur papier de la manière habituelle, uniquement au lieu de couleurs, utilisez les substituts suivants: pour le vert, utilisez une solution de nitro-muriate de cobalt, pour le bleu, une solution de sulfate de fer - pour le jaune, une solution de nitrate de bismuth - et pour un brun, une solution de sulfate de cuivre. Chacune de ces solutions peut être plus ou moins diluée, car les parties respectives de l'image doivent être claires ou sombres, mais aucune d'elles ne doit être suffisamment forte pour colorer le papier. Cette image est invisible: mais quand il est nécessaire d'apparaître, le papier peut être collé sur le mur, et avoir un verre de la solution transparente de prussiate de potasse (qui à vue ne peut pas être distingué de l'eau claire) se précipite soudainement dessus, l'image apparaîtra instantanément dans toutes ses couleurs. Un effet similaire peut être produit, en dessinant l'image avec une infusion de galles, et sous-carbonate de potasse; celle-ci est ravivée par une solution de sulfate de fer et apparaît dans une couleur jaune et brune.

111. UNE IMITATION BON MARCHE DU BRONZE AR-GENTE.- Mettez dans un creuset une once d'étain pur et mettez-la au feu pour qu'elle fondre; quand il commence à fondre, ajoutez-y une quantité égale de bismuth, et remuez le mélange avec une tige de fer jusqu'à ce que le tout soit entièrement fondu et incorporé. Retirez ensuite le creuset du feu, et une fois que la composition fondue est devenue un peu plus froide, mais tant qu'elle est encore à l'état fluide, versez-y progressivement une once de mercure, en l'agitant en même temps, afin que le mercure puisse être soigneusement associé aux autres ingrédients. Quand le tout est ainsi mélangé, versez la masse hors du creuset sur une pierre, où, en refroidissant, elle prendra la forme d'un amalgame, ou d'une pâte métallique; qui sera facilement meurtri en une poudre floconneuse, et peut ensuite être appliqué à des figures dimensionnées à la manière du bronze d'or ou d'argent, ou peut être trempé avec de l'eau de gomme, et appliqué sur l'œuvre avec un pinceau ou un crayon en poil de chameau; et s'il est correctement fixé avec du vernis ou des laques, il sera encore plus durable que la feuille d'argent ou le bronze argenté.

112. FAIRE DES CRAYONS DE COULEURS VARIEES.- Les crayons ou pastilles sont constitués de divers pigments ou peintures colorés, mis en forme de bâtonnets ou de rouleaux pour dessiner et ombrer avec eux à la manière des crayons de plomb. Mais qu'ils peuvent être de texture ou de dureté uniforme, différents ingrédients et matériaux nécessitent une certaine variation dans la gestion. Pour faire des crayons blancs, il ne faut rien de plus que de mélanger du merlan ultrafin ou raffiné avec de l'alcool, à la consistance d'un mastic mou; formez-le en rouleaux d'une longueur et d'une taille convenables et laissez-les sécher; ou le merlan peut être mélangé avec de l'eau et une quantité suffisante de sulfate de chaux brûlé ou calciné pour donner aux crayons une dureté suffisante lorsqu'ils sont secs. Une grande variété de couleurs claires élégantes peut être formée en ajoutant au merlan préparé comme ci-dessus, de petites quantités de l'un quelconque des pigments colorés. Les couleurs les plus appropriées pour les crayons de couleur sont le noir de lampe, le bleu de Prusse, la terre d'ombre brûlée, la terra-de-sienne brûlée, l'ocre rouge, le vermillon, le lac, le rose-rose, le jaune de chrome, l'ocre jaune et le vert minéral. Beaucoup d'autres beaux verts sont formés en mélangeant le jaune de chrome avec le bleu de Prusse, en variant les proportions; et les violets sont produits en mélangeant du rose ou du lac avec du bleu. Le bleu de Prusse et le lac étant chacun naturellement de nature contraignante, n'ont besoin que d'être broyés dans l'eau; mais l'ocre rouge et le vermillon doivent être broyés dans de l'alcool, ou peuvent avoir une certaine quantité de sulfate de chaux mélangée avec eux. N'importe laquelle de ces couleurs peut être mélangée en n'importe quelle proportion avec du merlan ou entre elles, chaque composé ayant une proportion suffisante de sulfate de chaux, pour lui donner un degré approprié de dureté et de résistance à l'état sec. La longueur appropriée pour les crayons est de deux à trois pouces, et la taille à peu près la même que celle d'une tige de pipe à tabac. Il est de coutume, dans la fabrication des crayons, d'avoir sous la main un grand morceau de craie à surface plane, sur lequel poser les crayons dès qu'ils sont roulés; la craie absorbe une partie de l'humidité, ce qui les fait sécher le plus tôt possible et sans se fissurer.

113. POUR FABRIQUER DE LA CIRE A CACHETER DURE, DE DIFFERENTES COULEURS. -Prendre de la gomme-gomme laque et de la colophane chacun deux onces; et de gomme-mastic une once; réduisez-les en poudre et mélangez-les et faites-les fondre ensemble à feu doux. Ensuite, si une couleur rouge est requise, ajoutez au mélange une once de vermillon fin; pour une couleur noire, ajoutez une demi-once d'un mélange de noir de lampe avec du rhum; pour un bleu, une demi-once de plomb blanc avec un quart d'once de bleu de Prusse; qui doivent être préalablement broyés ensemble à sec. Pour donner une couleur verte, ajoutez des verdegris finement moulus; un jaune est produit par le jaune de chrome ou le gamboge; et blanc, en ajoutant du plomb blanc pur au mélange. Lorsque la couleur souhaitée est formée par le mélange et l'incorporation de l'un des ingrédients colorants mentionnés ci-dessus, prélever une partie du mélange, suffisante pour former un bâton ou un rouleau de la taille habituelle, et la rouler entre deux plaques métalliques lisses, qui doit également être préalablement chauffé pour éviter que la cire ne devienne trop dure. Lorsque le bâton est réduit à une taille appropriée, aplatissez-le un peu et laissez-le refroidir. Procédez de la même manière avec le reste de la composition; Ensuite, maintenez chaque bâton individuellement sur un feu de charbon de bois, en le tournant rapidement jusqu'à ce que la surface de la cire soit complètement fondue, ce qui signifie que les bâtons auront acquis un poli très lisse et brillant à la surface, qu'ils conserveront lorsqu'ils seront à nouveau froids. Si une cire plus molle est requise, une petite quantité de cire d'abeille et d'huile de lin peut être ajoutée à la composition ci-dessus, ou peut être substituée à la place de la gomme-mastic. Procédez de la même manière avec le reste de la composition; Ensuite, maintenez chaque bâton individuellement sur un feu de charbon de bois, en le tournant rapidement jusqu'à ce que la surface de la cire soit complètement fondue, ce qui signifie que les bâtons auront acquis un poli très lisse et brillant à la surface, qu'ils conserveront lorsqu'ils seront à nouveau froids. Si une cire plus molle est requise, une petite quantité de cire d'abeille et d'huile de lin peut être ajoutée à la composition ci-dessus, ou peut être substituée à la place de la gomme-mastic. Procédez de la même manière avec le reste de la composition; Ensuite, maintenez chaque bâton individuellement sur un feu de charbon de bois, en le tournant rapidement jusqu'à ce que la surface de la cire soit complètement fondue, ce qui signifie que les bâtons auront acquis un poli très lisse et brillant à la surface, qu'ils conserveront lorsqu'ils seront à nouveau froids. Si une cire plus molle est requise, une petite quantité de cire d'abeille et d'huile de lin peut être ajoutée à la composition ci-dessus, ou peut être substituée à la place de la gomme-mastic.

114. L'ART DE FABRIQUER DES TENTURES EN PAPIER.- Cette activité, qui a été généralement, bien que mal qualifiée de coloration du papier, consiste principalement à estamper ou à peindre diverses figures à l'aquarelle sur papier. Le papier à cet effet est formé en longues bandes ou rouleaux, en collant les bords de plusieurs feuilles ensemble. Les bords des feuilles ne doivent pas chevaucher plus d'un demi-pouce et la longueur habituelle d'un rouleau est d'environ neuf mètres. Ces rouleaux sont d'abord peints unis avec un gros pinceau; la peinture est composée de merlan raffiné avec un ingrédient colorant, broyée dans l'eau et trempée avec une quantité suffisante de colle pour éviter qu'elle ne se détache; lorsqu'un nouveau dessin ou une nouvelle figure doit être introduit, plusieurs couleurs sont préparées, c'est-à-dire autant de couleurs que nécessaire dans un tel dessin, et avec elles le dessin est peint sur une feuille de papier. Le papier est ensuite posé sur une planche de bouleau ou d'érable lisse, et les parties du papier contenant la couleur qui a été appliquée en dernier dans le dessin (qui est généralement le blanc) sont complètement découpées, avec un couteau-stylo pointu, et les pièces ainsi découpées sont collées sur la planche, immédiatement, aux endroits et positions qu'elles occupaient dans le dessin. La feuille est ensuite retirée sur une autre planche et une autre couleur est découpée de la même manière; ainsi les différentes couleurs sont réparties dans leurs arrangements appropriés sur autant de planches différentes. Chaque planche est ensuite découpée avec des ciseaux et des gouges, à la profondeur d'un quart ou d'un huitième de pouce, dans chaque partie, sauf là où les morceaux de papier sont fixés. Ces planches ou impressions sont soutenues par d'autres pièces minces, qui sont fixées fermement sur le dos de celles-ci par des vis, de telle manière que le grain d'un, croise celle de l'autre, et empêche ainsi leur gauchissement. Ils ont également des crampons ou des épingles qui leur servent de poignées. Une auge est prévue, un peu plus grande que les estampes, d'un pouce de profondeur et à fond lisse, sur laquelle sont posées trois ou quatre morceaux de flanelle fine ou de cassimère, dont chacun est au moins aussi grand que les imprimés. Ensuite, une partie de la couleur avec laquelle la première partie du dessin a été peinte est étalée sur le tissu avec un pinceau; et sur cela, l'impression contenant les parties correspondantes de la figure, est pressée, (les morceaux de papier ayant été préalablement grattés;) l'impression étant ainsi chargée de la couleur, est placée sur une extrémité d'un rouleau du papier préparé, qui est posé sur une table à cet effet, et est fortement enfoncé par un levier ou une vis. Il est ensuite renvoyé dans l'auge, et de nouveau chargé de la couleur, et de nouveau imprimé sur le papier à une distance appropriée au-dessus de l'autre impression. De cette manière, plusieurs rouleaux sont imprimés avec une couleur. Ensuite, la couleur suivante dans le dessin est appliquée sur le papier de la même manière par une autre impression; une troisième couleur par une troisième impression et ainsi de suite jusqu'à ce que le papier soit complètement imprimé avec chaque couleur du dessin, chacune à sa place. Ces impressions doivent être lavées et conservées au sec pour une utilisation future. Une variété de figures peut être produite avec la même impression, en variant les couleurs. —Une troisième couleur par une troisième impression et ainsi de suite jusqu'à ce que le papier soit complètement imprimé avec toutes les couleurs du dessin, chacune à sa place. Ces impressions doivent être lavées et conservées au sec pour une utilisation future. Une variété de figures peut être produite avec la même impression, en variant les couleurs. —Une troisième couleur par une troisième impression et ainsi de suite jusqu'à ce que le papier soit complètement imprimé avec toutes les couleurs du dessin, chacune à sa place. Ces impressions doivent être lavées et conservées au sec pour une utilisation future. Une variété de figures peut être produite avec la même impression, en variant les couleurs.

115. POUR FAIRE NOIRCIR ELASTIQUE POUR LE CUIR.-Diluer une once de gomme-asphaltum avec une pinte de spiritueux de térébenthine, de la manière décrite en 51; -mettre cela dans un flacon, et ajouter une once de gomme-élastique coupée en très petits morceaux, et une demi-once de gomme -shellac préalablement réduit en poudre. Suspendre le ballon sans arrêt sur un feu de charbon de bois, ou le mettre dans un bain de sable où il peut bouillir doucement jusqu'à ce que la quantité soit réduite à une branchie; puis filtrez-le dans une flanelle et, lorsqu'il est presque froid, mettez-le en bouteille et bouchez-le. Le cuir doit être complètement noirci avec un peu de noircissement liquide et légèrement ciré avec de la cire d'abeille avant d'appliquer le noircissement élastique. Si le noircissement est trop épais, il peut à nouveau être dilué avec de l'essence de térébenthine. Il doit être réchauffé lors de l'application, et le travail peut nécessiter plusieurs couches et un temps considérable pour que chacune sèche.

116. DIVERSES EXPERIENCES.- Frottez ensemble un peu d'alun en poudre sèche et de l'acétate de plomb; les deux deviendront fluides. A une solution saturée de muriate de chaux, ajoutez une solution saturée de sous-carbonate de potasse, (les deux liquides transparents), le mélange sera presque solide. Frottez ensemble un peu de calomel blanc pur (mercure sublimé) et d'ammoniaque blanc pur (en étant humidifié;) les deux deviendront intensément noirs. Remplissez une fiole presque à moitié d'eau et appliquez de la chaleur jusqu'à ébullition; prenez-le du feu et (quand il a fait bouillir) bouchez-le; verser de l'eau froide sur le ballon et l'eau à l'intérieur recommencera à bouillir. Remplissez un verre d'eau et posez un morceau de papier dessus; place ta main sur le papier et retourne le verre; la main peut être enlevée et le verre peut être suspendu dans cette position par un fil, et l'eau ne sera pas renversée. Exposez un morceau de glace à l'action du gaz muriatique (froid); la glace sera instantanément fondue. Déposez un morceau de phosphure de chaux, dans un verre d'eau; les bulles vont bientôt monter et, en atteignant la surface de l'eau, elles exploseront spontanément. Appliquez l'extrémité d'un rouleau de soufre sur une barre de fer chaude; une partie du fer sera instantanément fondue et tombera. Écrivez avec de l'acide sulfurique dilué, sur du papier coloré en brun par un mélange de sulfate de fer et d'infusion de galles; l'écriture sera blanche. Humidifiez la lèvre inférieure et posez dessus une pièce d'argent (pas moins de vingt cents) avec le bord sous la langue; déposez un morceau de zinc, de taille à peu près égale, sur la languette, et mettez en contact les bords des morceaux de métal; vous déposerez instantanément l'argent. La glace sera instantanément fondue. Déposez un morceau de phosphure de chaux, dans un verre d'eau; les bulles vont bientôt monter et, en atteignant la surface de l'eau, elles exploseront spontanément. Appliquez l'extrémité d'un rouleau de soufre sur une barre de fer chaude; une partie du fer sera instantanément fondue et tombera. Écrivez avec de l'acide sulfurique dilué, sur du papier coloré en brun par un mélange de sulfate de fer et d'infusion de galles; l'écriture sera blanche. Humidifiez la lèvre inférieure et posez dessus une pièce d'argent (pas moins de vingt cents) avec le bord sous la langue; déposez un morceau de zinc, de taille à peu près égale, sur la languette, et mettez en contact les bords des morceaux de métal; vous déposerez instantanément l'argent. la glace sera instantanément fondue. Déposez un morceau de phosphure de chaux, dans un verre d'eau; les bulles vont bientôt monter et, en atteignant la surface de l'eau, elles exploseront spontanément. Appliquez l'extrémité d'un rouleau de soufre sur une barre de fer chaude; une partie du fer sera instantanément fondue et tombera. Écrivez avec de l'acide sulfurique dilué, sur du papier coloré en brun par un mélange de sulfate de fer et d'infusion de galles; l'écriture sera blanche. Humidifiez la lèvre inférieure et posez dessus une pièce d'argent (pas moins de vingt cents) avec le bord sous la langue; déposez un morceau de zinc, de taille à peu près égale, sur la languette, et mettez en contact les bords des morceaux de métal; vous déposerez instantanément l'argent. Les bulles vont bientôt monter et, en atteignant la surface de l'eau, elles exploseront spontanément. Appliquez l'extrémité d'un rouleau de soufre sur une barre de fer chaude; une partie du fer sera instantanément fondue et tombera. Écrivez avec de l'acide sulfurique dilué, sur du papier coloré en brun par un mélange de sulfate de fer et d'infusion de galles; l'écriture sera blanche. Humidifiez la lèvre inférieure et posez dessus une pièce d'argent (pas moins de vingt cents) avec le bord sous la langue; déposez un morceau de zinc, de taille à peu près égale, sur la languette, et mettez en contact les bords des morceaux de métal; vous déposerez instantanément l'argent. Les bulles vont bientôt monter et, en atteignant la surface de l'eau, elles exploseront spontanément. Appliquez l'extrémité d'un rouleau de soufre sur une barre de fer chaude; une partie du fer sera instantanément fondue et tombera. Écrivez avec de l'acide sulfurique dilué, sur du papier coloré en brun par un mélange de sulfate de fer et d'infusion de galles; l'écriture sera blanche. Humidifiez la lèvre inférieure et posez dessus une pièce d'argent (pas moins de vingt cents) avec le bord sous la langue; déposez un morceau de zinc, de taille à peu près égale, sur la languette, et mettez en contact les bords des morceaux de métal; vous déposerez instantanément l'argent. et tombera. Écrivez avec de l'acide sulfurique dilué, sur du papier coloré en brun par un mélange de sulfate de fer et d'infusion de galles; l'écriture sera blanche. Humidifiez la lèvre inférieure et posez dessus une pièce d'argent (pas moins de vingt cents) avec le bord sous la langue; déposez un morceau de zinc, de taille à peu près égale, sur la languette, et mettez en contact les bords des morceaux de métal; vous déposerez instantanément l'argent. et tombera. Écrivez avec de l'acide sulfurique dilué, sur du papier coloré en brun par un mélange de sulfate de fer et d'infusion de galles; l'écriture sera blanche. Humidifiez la lèvre inférieure et posez dessus une pièce d'argent (pas moins de vingt cents) avec le bord sous la langue; déposez un morceau de zinc, de taille à peu près égale, sur la languette, et mettez en contact les bords des morceaux de métal; vous déposerez instantanément l'argent. Et mettre en contact les bords des morceaux de métal; vous déposerez instantanément l'argent. Et mettre en contact les bords des morceaux de métal; vous déposerez instantanément l'argent.

Appendix

Cts.

ACETATE DE COBALT , produit par digestion de l'oxyde de cobalt dans du vinaigre fort,

* ACETATE DE PLOMB (sucre de plomb) obtenu en dissolvant de la céruse dans du vinaigre et en s'évaporant — *oz.* 6

* ACIDE ACETIQUE , vinaigre concentré par distillation, — *pt.* 25

* ALCOOL , esprit de vin rectifié, — *pt.* 25

* ALUN , sulfate d'alumine et de potasse, — *oz.* 3

* AMMONIAC , (hartshorn) un alcali volatil, — *oz.* 12

* ANTIMOINE , un métal poreux foncé, — *oz.* 6

* CIRE D'ABEILLE , substance résineuse jaunâtre obtenue à partir de miel ou de rayons de miel, — *oz.* 6

* BISMUTH , (verre d'étain) un métal blanc rougeâtre, — *oz.* 12

* ACIDE BORACIQUE , obtenu en ajoutant de l'acide sulfurique à une solution — *oz.* 100

chaude de borax; l'acide cristallise,

* BRESIL-BOIS , (bois rouge,)   *kg.*   6

* LE BORATE DE SOUDE, OU SOUS-BORATE DE SOUDE , (borax) est apporté des Indes orientales dans un état impur appelé tincal,   *oz.*   6

LA TAILLE DE L'OR BRUNATRE , et les POLISSOIRS , peut être eu de Bittle et Cooper, Pemberton's-Hill, Boston, prix divers,

* CAMPHRE , obtenu à partir d'une espèce de laurier,   *oz.*   12

* CARBONATE DE CUIVRE , (vert français) produit en ajoutant une solution de super-carbonate de soude, à une solution chaude de sulfate de cuivre,   *kg.*   50

* LE CARBONATE DE PLOMB (plomb blanc) est formé en exposant de fines feuilles de plomb à la vapeur de vinaigre, après quoi elles extraient l'acide carbonique de l'atmosphère,   *kg.*   16

* CARBONATE DE STRONTIA , un minéral natif,   *oz.*   50

CARBONATE DE CHAUX , (marbre, craie) une terre indigène,

* CHLORATE DE POTASSE , obtenu en faisant passer un courant de chlore gazeux à travers une solution de cendre perlé, *oz.* 100

* LE JAUNE DE CHROME , un pigment, est formé par la combinaison d'une substance métallique avec l'acide chromique, *oz.* 12

* COBALT , (Zaffre) un métal de couleur gris rougeâtre; exposé à une chaleur douce, il s'oxyde et prend la forme d'une poudre noire, *oz.* 50

* ACIDE CITRIQUE , obtenu à partir de citrons, limes, etc., *oz.* 75

* CALOMEL , sublimé blanc du mercure, *oz.* 20

* SANG DE DRAGON , mucilage rouge extrait d'une plante, *oz.* dix

* FLUATE DE CHAUX , (fluor spar) se trouve en abondance dans le Derbyshire, en Angleterre, son constituant acide a la propriété particulière de dissoudre le verre, *kg.* 50

* LE NOIR DE FRANCFORT , qui tire son nom de Francfort, en Allemagne, est fabriqué à partir de lies de vin, *oz.* 12

* GAMBOGE , une gomme jaune opaque, *oz.* 16

ou mucilage,

* COLLE , (gélatine) une gelée provenant
de peaux d'animaux,   *kg.*   25

* BRONZE doré, or en poudre fine,   *pwt.* 75

* FEUILLE D'OR , fines lamelles d'or,   *livre* 45

* LA GOMME ARABIQUE , substance mu-
cilagineuse qui se dégage de certains
arbres d'Arabie,   *oz.*   6

* GOMME ASPHALTIQUE , bitume ou brai
minéral,   *oz.*   8

* LA GOMME-COPAL , une résine dure
transparente,   *kg.*   40

* GOMME-ELASTIQUE , (caoutchouc in-
dien, caoutchouc) exsude des arbres des
Antilles,   *oz.*   8

* LA GOMME-SANDARAC , une résine,
semblable à la colophane mais beau-
coup plus dure,   *kg.*   100

* GOMME-GOMME LAQUE , un composé,
une substance résineuse, provenant des
nids ou des cellules d'un insecte,   *oz.*   6

* GOMME-MASTIC , une résine dure et
transparente,   *kg.*   100

* ISING-GLASS , sorte de colle transparente obtenue à partir de divers types de poissons,   *oz.*   25

* LAKE , (drop lake) un pigment de couleur rose, préparé à partir de bois du Brésil,   *oz.*   200

* LE PLOMB , un heavy metal brun,   *kg.*   12

LA CHAUX , un oxyde de calcium, est obtenue par calcination de pierre de chaux, de marbre ou de craie,

* L'HUILE DE LIN , est exprimée à partir de graines de lin moulues,   *pt.*   15

* LITHARGE , (litharge d'or) un oxyde de plomb,   *oz.*   4

* TOURNESOL , légume colorant bleu,   *oz.*   dix

* MERCURE , (argent rapide) un métal qui reste fluide à la température commune de l'atmosphère,   *oz.*   8

* LE MURIATE D'AMMONIAQUE (sal ammoniac) est formé en ajoutant de l'acide muriatique à de l'ammoniac liquide, en s'évaporant, etc.,   *oz.*   6

LE MURIATE DE SOUDE , (sel culinaire) est obtenu en évaporant l'eau de l'océan,

* MURIATE DE STRONTIA , obtenu en dissolvant le carbonate natif de strontia, dans l'acide muriatique, et en s'évaporant,   *oz.*   75

MURIATE DE CHAUX , formé par évaporation d'une solution de marbre dans l'acide muriatique,

* L'ACIDE MURIATIQUE (acide marin, alcool de sel) est extrait du sel de mer,   *oz.*   12

* NITRATE D'AMMONIAC , obtenu en dissolvant du carbonate d'ammoniac (sels à odeur commune) dans l'acide nitrique,   *oz.*   20

* LE NITRATE DE POTASSE (nitre, selpetre) peut être obtenu en ajoutant de l'acide nitrique à une solution de sous-carbonate de potasse et en cristallisant par évaporation,   *oz.*   3

* NITRATE DE STRONTIA , procuré le même que le muriate,   *oz.*   75

* L'ACIDE NITRIQUE (aquafortis) est obtenu en distillant deux parties d'acide sulfurique, avec une partie de sel-petre,   *oz.*   12

* LES GALLES DE NOIX , se forment sur   *oz.*   6

les feuilles d'une espèce de chêne,

* HUILE D'OLIVE , (huile douce,)	*oz.*	3

* HUILE DE CANNELLE , extraite de la cannelle par distillation,	*oz.*	75

* HUILE DE ROMARIN , obtenue également par distillation,	*oz.*	25

* LE PLOMB ORANGE , un pigment écarlate semblable au plomb rouge,	*oz.*	3

* OXYDE DE MANGANESE , poudre noire constituée d'un métal combiné à de l'oxygène,	*oz.*	dix

* PHOSPHORE , une substance simple obtenue à partir d'os; sa plus grande particularité est l'extraordinaire combustibilité,	*oz.*	200

* PHOSPHURE DE CHAUX , une combinaison de chaux et de phosphore,	*oz.*	200

* PLUMBAGO , (plomb noir) un carbure de fer,	*kg.*	16

* LE POTASSIUM , la base métallique de la potasse, peut être facilement obtenu à partir de cendres perlées par quiconque possède un appareil galvanique,

* PRUSSIATE DE FER , (bleu de Prusse) peut être formé en ajoutant du prussiate de potasse, à une solution de cuivre, *oz.* 25

* PRUSSIATE DE POTASSE , une combinaison de potasse et d'acide prussique, *oz.* 50

* PIERRE PONCE , *kg.* 12

* LE PLOMB ROUGE (minium) est obtenu en faisant fondre le plomb dans un récipient ouvert et en l'exposant dans cet état à l'action de l'air atmosphérique, *oz.* 3

* OCRE ROUGE , (brun espagnol) un oxyde de fer natif, *kg.* 6

* COLOPHANE , la partie résineuse de la térébenthine, *kg.* 6

* BRONZE ARGENTE , *pwt.* 50

* FEUILLE D'ARGENT , *livre* 30

* SLIP BLUE , (wet blue) une préparation aqueuse de bleu de Prusse, *kg.* 30

* L'ESSENCE DE TEREBENTHINE (huile de térébenthine) est obtenue en distillant de la térébenthine commune ou brute; le résidu est de la colophane, *pt.* 12

* SOUS-ACETATE DE CUIVRE , (vert-de- *oz.* 3

gris,)

* SOUS-CARBONATE DE PO-TASSE , POTASSE (perlasse) raffinée par calcination, *kg.* 12

* SULFATE DE CUIVRE , (vitriol bleu, vitriol romain,) *oz.* 3

* SULFATE DE FER , (cuivre, vitriol vert,) *oz.* 6

SULFATE DE CHAUX , (plaister de paris, albâtre, gypse,)

* SULFATE DE ZINC , (vitriol blanc,) *oz.* 3

* LE SOUFRE (soufre) se trouve généralement combiné avec des minerais de métaux, *oz.* 3

* ACIDE SULFURIQUE , (huile de vitriol) la vapeur condensée de soufre brûlant, *oz.* 16

* ÉTHER SULFURIQUE , obtenu par distillation d'alcool avec de l'acide sulfurique, *oz.* 25

* LE SUPER CARBONATE DE POTASSE (sal eratus) se forme en faisant passer un courant d'acide carbonique gazeux, à travers une solution de cendre perlé, *oz.* 3

* LE SUPER CARBONATE DE SOUDE peut *oz.* 12

être préparé de la même manière à partir du sous-carbonate,

* LE SUPER TARTRATE DE POTASSE (crème de tartre) se retrouve incrusté sur les parois des fûts dans lesquels le vin a été conservé,   *oz.*   4

* ACIDE TARTRIQUE , obtenu à partir de crème de tartre,   *oz.*   12

* TERRA-DE-SIENNA , un oxyde de fer qui devient rouge foncé en brûlant,   *oz.*   6

* ÉTAIN , (grain ou étain granulé,)   *oz.*   12

* FEUILLE D'ETAIN , étain métallique roulé en lamelles minces ou feuilles comme du papier,   *oz.*   12

* LE CURCUMA , la racine d'un légume,   *oz.*   3

* OMBRE , une terre brune qui devient presque noire en brûlant,   *oz.*   3

* TEREBENTHINE DE VENISE ,   *oz.*   6

* LE VERMILLON , un sulfure de mercure, est parfois trouvé natif, mais peut être obtenu en broyant le soufre et le mercure ensemble, et en les chauffant, d'abord dans un récipient ouvert, jusqu'à ce que le mélange prenne une cou-   *oz.*   12

leur violette; et ensuite dans un flacon ou un matelas,

*   MERLAN , (blanc espagnol) raffiné,   *kg.*   12

*   OCRE JAUNE , (jaune épicéa) un oxyde de fer,   *kg.*   12

*   ZINC (régule) un métal dont, avec le cuivre, le laiton est fait,   *oz.*   3